Rwanda, 1994

La couleur d'un génocide

Écrire l'Afrique

Collection dirigée par Denis Pryen

Romans, récits, témoignages littéraires et sociologiques, cette collection reflète les multiples aspects du quotidien des Africains.

Dernières parutions

Gaston M'BEMBA-NDOUMBA, *Les mouettes et les albatros du Bongo*, 2019.
Samuel GANSA NDOMBASI, *Au pays du libanga*, 2019.
Christiane RAY, *Yombé, un ouvrier du Mali postcolonial*, 2018.
Brice Ernest OUINSOU, *Les jeunes et la nature humaine : l'esprit de la méthode*, 2018.
Fatoumata NGOM, *Le silence du totem*, 2018.
Richard OSSOMA-LESMOIS, *Et si on modernisait la fonction publique congolaise ?*, 2018.
Issa Yeresso SANGARE, *La télévision ivoirienne (RTI) de 1963 à 2011, Média de développement ou instrument du pouvoir ?*, 2017.
Babacar dit KHALIFA NDIAYE, *Les babouches du rat*, 2017.
Boubacar BA, *Un périple pour l'amour d'une mère, La valeur de la parole donnée*, 2017.
Vincent ROBIN-GAZSITY, *Enfermé à Libreville, Sept jours en Chinafrique*, 2017.
Yannick DUPAGNE, *Deux mois à Bumba, Récit d'un enseignant bénévole en République démocratique du Congo*, 2017.
Marcel NOUAGO NJEUKAM, *Et le prophète Odjokoro parla !*, Roman, 2017.
Mamadou Kalidou BA, *La résistance pacifique*, 2017.
Boubacar Hama BEÏDI, *Le bruissement des souvenirs. Récit d'un instituteur nigérien*, 2017.
Patrick Serge BOUTSINDI, *Les amants de Bar-le-Duc*, 2017.
Paule FIOUX, *Foudres d'Afrique. Les impostures d'une révolution*, 2017.
Guikou BILET ZAFLA, *Un enfant du village, nouvelles*, 2016.
Gaston M'BEMBA NDOUMBA, *Escale à Brazzaville*, 2016.

Diogène Bideri

Rwanda, 1994

La couleur d'un génocide

Préface d'Alain David

Du même auteur

Rwanda. 1990-1993. Le massacre des Bagogwe. Un prélude au génocide des Tutsi, L'Harmattan, Paris, 2008.

Ce livre a été publié avec le soutien
de la Ligue Internationale contre le Racisme
et l'Antisémitisme (LICRA)

© L'Harmattan, 2019
5-7, rue de l'Ecole-Polytechnique, 75005 Paris

http://www.editions-harmattan.fr

ISBN : 978-2-343-17063-3
EAN : 9782343170633

Merci papa, tu m'as appris l'honneur,
Tu es mon héros pour toujours !

« Investi du devoir de mémoire, porté par la piété familiale, je m'impose de briser le silence où les miens sont emmurés dans la mort. »

« Le livre répond à un besoin impérieux de libérer la parole, de me délester d'un fardeau intérieur pesant. »

Je dédie ce livre à mon père Faustin Mwumvaneza, qui m'a appris à vivre la vie quelle qu'elle soit ; à ma mère Hélène Gasusuruko dont l'amour me manquera toujours.

A mes sœurs, Christine, Gloriose, Médiatrice, et Olive dont la mort n'a rien effacé de mon affection ; à mes jeunes frères Innocent, Léonard, Jean Claude qui restent toujours mes petits frères malgré la mort.

A mes sœurs Jeanne, Yvonne, Epiphanie rescapées, et à leurs maris François, Gilles et Romain, aux neveux et nièces qui ont vu le jour après le génocide.

A ma femme Julienne et à mes enfants Shiloh-Comte, Shawn, Elona-Morgane, Chloé-Mégane, j'exprime toute ma tendresse.

A toutes les victimes du génocide perpétré contre les Tutsi, votre mémoire luit éternellement.

Sigles

A.D.L:	Association Rwandaise pour la défense des Droits de la Personne et des Libertés Publiques
ALIR :	Armée pour la libération du Rwanda (Mouvement classé terroriste)
APROSOMA :	Association pour la promotion sociale de la masse
CDR :	Coalition pour la défense de la République
CICR :	Comité international de la Croix-Rouge
Ex - FAR :	Ex- Forces armées rwandaises
FBI :	Fonds du Bien Être Indigène
FDLR :	Front Démocratique de Libération du Rwanda (Groupe classé terroriste)
FIDH :	Fédération Internationale des Ligues des Droits de l'Homme
FPR :	Front Patriotique Rwandais
HCR :	Haut-Commissariat pour les Refugiés
MDR-PARMEHUTU :	Parti du mouvement de l'émancipation hutu
MINUAR :	Mission des Nations unies d'Assistance pour le Rwanda

MRND :	Mouvement Révolutionnaire National pour le Développement
PALIR :	Parti pour la libération du Rwanda
RADER :	Rassemblement Démocratique Rwandais
RTLM :	Radiotélévision des Mille Collines
TPIR :	Tribunal pénal international pour le Rwanda
UNAR :	Union Nationale Rwandaise

Préface

« Rescapés »

Diogène Bideri se présente lui-même comme un « rescapé du génocide » : « Diogène Bideri », « rescapé (auteur du livre) » écrit-il, ingénument.

Ingénument. Mais « ingénument » est-ce tout à fait le mot ? Ce qui immédiatement interpelle ici est plus complexe. Car se présentant au seuil de son livre dans le radical dénuement de qui s'avance, sans arrière-pensées, se présentant absolument - *ecce homo* - avec cette sorte de sincérité désespérée et presque inhumaine qui a renoncé à l'ordinaire conscience de soi tissée de ces non-dits qui précisément définissent ce qu'est la conscience, Diogène Bideri inscrit ainsi, d'emblée, son nom aux côtés de celui des morts - les membres de sa famille - « Ma famille en 1994 ». Son père, sa mère, quatre sœurs, trois frères qui ont péri lors du génocide ou des suites du génocide. Que peut vouloir dire dès lors « rescapé » ?

Est rescapé celui qui aurait pu mourir et qui, par un concours de circonstances en fin de compte inexplicable, a échappé au destin qui aurait dû être le sien et a survécu : et alors, c'est la pathétique et classique culpabilité du survivant qui ne cesse de questionner (avec une angoisse perceptible aussi dans le récit de Bideri, et qui en est un élément) les raisons lui valant l'injustifiable privilège d'avoir survécu. Mais le rescapé ne se satisfait pas de se dire « je l'ai échappé belle ».

Son sort est énigmatiquement, étroitement, lié à celui de ceux à qui il survit. Samuel Joseph Agnon, prix Nobel de littérature et immense écrivain du judaïsme, campe ainsi, dans une nouvelle, son narrateur errant sur les ruines d'un *shtettl* anéanti par une soldatesque nazie.

Il y croise deux silhouettes avec qui il engage la conversation, jusqu'au moment où tombe cette évidence : « *Je leur ai dit : permettez-moi de vous poser encore une question. Vous avez dit qu'après la deuxième catastrophe il n'est resté d'Israël personne dans la ville. Alors vous-même, vous n'êtes plus des vivants ! Ils m'ont souri alors, comme sourient les morts quand ils voient que nous pensons qu'ils ne sont plus vivants.* »

Diogène Bideri, en tant que « rescapé » donc. Placé sous l'énigmatique lumière de la phrase de Agnon ce mot suggèrerait que la ligne ferme et indiscutable qui sépare la mort de la vie s'est estompée. « *Je regardais, dit encore le narrateur d'Agnon, les habitants de ma ville, et il n'y avait pas trace de reproche dans leurs yeux de ce que j'étais* comme ceci *et de ce que eux ils étaient* comme cela. » *Comme ceci* ou encore comme *cela* : voilà maintenant toute la différence.

Nous arrivons ainsi à la question la plus difficile. Qu'en est-il de la mort, dans le contexte d'un génocide ? Y meurt-on, au sens ordinaire du terme ? Et déjà qu'en est-il de ce sens « ordinaire » ? Certes - et c'est le lieu commun de tout ce qui s'est jamais écrit sur la mort - la mort est toujours pour une vie, même pour la plus paisible et la plus quotidienne (et quoi qu'il en soit des innombrables rites et cérémonials) solitaire, anonyme, inexorable, survenant à l'insu de celui qui meurt, en-dehors de lui, de sa conscience et de son aveu, de sa volonté : le mourant étant, comme le disait, en une terrible lapalissade, le sage épicurien, « là » quand la mort « n'est pas là » mais n'étant, quand la mort « est là », « pas là ».

Néanmoins l'humanité vit avec cela, vit même de cela et comme cela, être homme c'est en fin de compte assumer cette déréliction, enrichir d'elle la vie, l'enrichir de l'insoutenable légèreté de cette vacuité qui paradoxalement pèse sur chacune de ses occurrences.

L'effroyable hypothèse sur laquelle se bâtit au contraire le génocide nie cette affirmation obstinée des hommes qui est le fond de leur humanité, et par cela même nie en chaque individu l'humanité. Le génocide ne réside donc pas simplement dans la violence des massacres, dans leur cruauté, voire dans le nombre des victimes, mais dans le fait de priver ces dernières de ce rapport à leur mort, de les priver de l'affirmation d'un « sens de la vie », selon lequel, de génération en génération, fût-ce dans des situations extrêmes, la vie s'affirme comme le bien le plus précieux, contre la mort, laquelle enseigne que la vie est l'absolu parce qu'elle se paie d'un prix absolu.

Lien paradoxal à la vie, qui est si l'on veut, en son sens le plus littéral, et avant tout fidéisme, celui qui signifie en l'homme sa sensibilité religieuse. Le génocide distend au contraire ce lien, jusqu'à cette occurrence où il n'y aurait plus de lien, et donc où il n'y aurait plus d'humanité, et donc encore, en reprenant Agnon, où ne subsisterait que la terrifiante indistinction entre les morts et les vivants, ces derniers privés de la possibilité d'affirmer le sens absolu de la vie, étant, déjà comme vivants, morts, indifféremment vivants ou morts, objets informes et abjects, jetés comme tels (et Bideri y insiste, ce fut ce qui advint au Rwanda en 94) dans les latrines ou sur les immondices.

Et néanmoins, en régime civilisé même les cadavres des charniers (exemplairement je mentionnerai Montfaucon, les pendus de Villon) abandonnés sans sépulture aux éléments et aux animaux, conservent un sens selon quoi, jusque dans l'extrême déréliction, se revendique ce lien à la vie, constitutif du fait humain.

> *« Frères humains qui après nous vivez*
> *N'ayez les coeurs contre nous endurcis*
> *(...)*
> *Pies et corbeaux nous ont les yeux cavés*
> *Et arraché la barbe et les sourcils. »*

Que se passe-t-il alors, tout au contraire, avec le génocide ? Ou quel est le sens d'un récit de génocide ? Ou plus précisément - il faut maintenant aller au plus près de la singularité de ce récit-là, celui de Diogene Bideri - que nous est-il donné dans ce livre à lire ?

Un récit de rescapé répond son auteur, qui précise pourtant qu'il n'est pas « vraiment » rescapé lui-même, au sens où ne serait pas rescapé celui qui pour une raison circonstancielle se serait absenté, n'aurait pas pris, au dernier moment, l'avion qui est tombé ; et néanmoins rescapé quand même - qui le contesterait - si on admet que comme « Tutsi », il était destiné à la mort, et que sa famille la plus proche a été presque entièrement exterminée.

De ce fait le livre de Diogène Bideri se propose comme la réaction naturelle, l'attitude que commande, si on veut le dire ainsi, la « nature », à celui qui est « naturellement » humain, attaché comme tout humain aux siens. Elever la voix en leur faveur est donc ici comme un geste naturel de la piété familiale.

Mais il y a davantage, immédiatement davantage et autre chose que « la nature » : car l'intention de Bideri est de rendre par-delà le silence, une parole aux morts, de leur faire justice, de les ramener à leur humanité ; les morts, les siens et tous les autres, victimes de la même horreur, et qui sont à ce titre en quelque sorte aussi de sa famille.

Et il n'y a pas même seulement cela, il y a encore davantage : le récit de rescapé de Bideri vaut pour une autre catégorie de rescapés, ceux qui comme lui sont rescapés au sens où ayant perdu leurs proches, ils se tiennent devant le génocide *comme ceci* - alors que les disparus sont *comme cela,* « morts » (et il faut des guillemets à ce mot, si on admet que la mort ne met pas un point final, comme elle le fait d'ordinaire, à l'histoire, le « génocide » est là) : tous les Tutsi qui auraient pu être tués, tous ceux qui par chance ou par hasard n'étaient pas au Rwanda en 94, tous ceux qui sont, comme ses quatre enfants, nés « après » ; ou tels Camille, épousée en 2014, 20 ans juste après le génocide, avec celui-ci en arrière-plan - « le partage, écrit Diogène Bideri, de la même région et de son histoire » : tous ceux-là sont donc ici, convoqués, appelés et interpellés dans le récit, arrivés après le génocide, mais devant lui, ici sans être acquittés, désormais, sans être quittes de la mort, sans la surmonter dans leur suprême affirmation de vivants, l'équivoque étant, comme dans la nouvelle d'Agnon, à jamais indécidable.

Et c'est certes pour ceux-là que Diogène Bideri raconte : et non en vue d'on ne sait quelle « guérison » (il n'est pas, convient-il lui-même, d'issue, ni pour le récit ni pour ceux qu'il met en scène, on ne saurait, par la grâce d'une catharsis, passer à autre chose).

Par nature inachevé, aussi inachevé que l'indécidable advenu avec le génocide, le livre ne se termine donc pas, mais s'interrompt seulement, sur le silence, un silence rempli de la résonance des voix : ces voix devenues inaudibles, et qui bruissent cependant, écho de faits insoutenables dans leur horreur, une horreur qui s'est introduite de manière littéralement obscène au coeur de la beauté luxuriante des choses, évoquée aussi par Bideri, celle du lac Kivu, immense, enchanteur paradis pour touristes, au coeur de la majesté et du mystère des volcans, couverts de forêts et d'où ruisselle l'eau, à l'abri desquels vivent les gorilles, les éléphants et les buffles.

Horreur qui envahit la sérénité quotidienne et infeste une société d'agriculteurs et d'éleveurs, une société amicale de voisins, où les traditions rythment la vie paysanne, et où chacun vit paisiblement dans la proximité des autres.

Le livre de Bideri mentionne tout cela, cite des noms, beaucoup de noms, et tirant le fil directeur de la vie familiale, ramène accrochée à ce fil toute la société rwandaise. Et avec elle l'abîme qui s'ouvre à chaque instant sous les pas. « *La couleur d'un génocide* » propose son auteur comme titre.

Je pense alors à un vers du second Faust de Goethe : « *am farbigen Abglanz haben wir das Leben* », « c'est dans son reflet coloré que l'on trouve la vie ». La couleur pour Goethe c'est la vie et Goethe lui-même est la splendeur de la culture européenne, la vie elle-même. Néanmoins on perçoit une tout autre couleur dans les pages de Bideri, la couleur, pâle, achromatique, des chevaux de l'Apocalypse.

Il y a autre chose encore, qui constitue, et peut-être seulement dans les interlignes de ce livre, par-delà ce qu'on pourrait être tenté de confiner dans le pittoresque, le plus important, l'universalité d'un récit qu'il y aurait un contresens tragique à confondre avec une fantasmagorie africaine. Je voudrais y insister, car ce contresens est cela qui gouverne l'histoire des rapports entre l'Afrique et l'Europe.

C'est exemplairement le contresens que commettait, au début du XIXe siècle, Hegel, le philosophe majeur de l'histoire occidentale, celui-là même qui a donné à l'humanité les mots pour penser son histoire, mais pour qui l'Afrique était le « Continent noir », hors de l'histoire justement, et bloquée pour toujours en son stade de pure nature non dialectisable (thèse qu'un siècle plus tard reprendra, dérisoirement et mot pour mot le journaliste Stephen Smith, scandaleusement imité par Nicolas Sarkozy dans le fameux discours de Dakar).

Et bien évidemment c'est ce contresens qui a inspiré la perception négationniste du génocide, la thèse répétée partout par le négationnisme de la guerre tribale ou civile, ou pire encore, le mot cynique attribué à Mitterrand : « dans ces pays-là un génocide n'a pas trop d'importance ». Et pourtant c'est ce contresens qu'avait à l'aube du XXe siècle, récusé superbement Joseph Conrad dans son extraordinaire nouvelle *Le cœur des ténèbres*, par exemple dans ce passage où naviguant sur le Congo le narrateur aperçoit un groupe de « sauvages ».

Et alors : « *Nous sommes habitués à considérer la forme entravée d'un monstre asservi ; mais là on découvrait le monstre en liberté. Il était surnaturel et les hommes étaient…non ils n'étaient pas inhumains (…) ils hurlaient, bondissaient, tournaient sur eux-mêmes, faisaient d'affreuses grimaces, mais ce qui saisissait, c'est le sentiment qu'on avait de leur humanité pareille à la nôtre, la pensée de notre lointaine affinité avec cette violence sauvage et passionnée.* »

Je retiendrai cette leçon de Conrad, et ici de Bideri : l'horreur (il faut rappeler que le héros perdu de Conrad, que rencontre le narrateur - joué par Marlon Brando dans *Apocalypse now*, le chef-d'œuvre de Coppola qui transpose au Viet-Nam la nouvelle de Conrad - murmure en mourant : « l'horreur, l'horreur ») même grimée dans sa version africaine et pittoresque, ne saurait être éloignée de nous, les Européens, elle est la nôtre.

En l'occurrence - et cela est un arrière-plan de la chronique de Bideri - le génocide (la « violence sauvage et passionnée » de Conrad) a la couleur de l'Europe : mentionnons pêle-mêle la colonisation belge, ou les théories du colonel Guy Logiest et du major Louis Marlière, au début des années 60, appliquant au Rwanda pour conforter la « révolution » de 59 les thèses de la DGR (doctrine de la guerre révolutionnaire, élaborée dans leur version française par le colonel Lacheroy), ou la figure de Monseigneur Perraudin, ou celle du juriste belge, Filip

Reyntjens qui va aider en 1978 à la formalisation d'une constitution raciale, avant de devenir aujourd'hui, comme « expert » l'une des références régulièrement invoquées de la constellation négationniste ; ou pour la défense de la francophonie le soutien régulier offert au radicalisme du pouvoir, jusqu'à l'arrivée des militaires français en 90, qui vont à partir d'octobre sauver provisoirement la présidence d'Habyarimana, quitte à participer directement aux combats contre le FPR anglophone, élaborant pour cela (ainsi le colonel Canovas qui reprend à son compte la fameuse DGR) une stratégie militaire, alors même que les éléments du génocide sont déjà là, opératoires.

Et bien sûr Turquoise, avec toutes ses équivoques, ayant pour objet non avoué mais certain d'appuyer, puis d'exfiltrer, les génocidaires, lesquels après avoir récupéré leurs armes vont mener, jusqu'en 98, des raids meurtriers au Rwanda (ainsi 442 civils victimes de l'ALIR, "l'armée de libération du Rwanda », entre 97 et 98 rappelle Bideri) ou développer au Zaïre une guérilla, prenant les réfugiés comme boucliers humains.

Que tirer alors de ces faits qui sont la toile de fond du récit de Bideri ? Déjà l'idée extrêmement importante que le génocide des Tutsi n'a pas été une « affaire ethnique », pas même seulement une affaire africaine, mais également, parce que des Français y ont été fortement impliqués - impliqués à un point dont l'ouverture des archives aura à préciser l'ampleur - une affaire française. Et pas seulement une affaire française parce que, effectivement, quelques Français en responsabilité en 94 ont, c'est factuel, impliqué la France, mais parce que le génocide avec son caractère d'exception est à l'arrière-plan de tout ce que nous vivons, de tout ce que nous, Français, nous Occidentaux mondialisés, sommes et pouvons être, bouleversant les conceptions ordinaires de la vie : dorénavant, à travers lui et selon sa terrible exemplarité nous pressentons qu'il n'y a plus simplement la civilisation opposable à la barbarie, mais que la barbarie se dissimule au fond de la civilisation comme son éventualité récurrente.

Et que le préjugé raciste ordinaire - mettons même une simple ou banale et inaperçue « mauvaise habitude », voire cette inattention foncière qui est l'ordinaire quotidien - peut mener, par des détours inimaginables et cependant prévisibles - mais à toute vitesse - à l'effroyable, l'effacement de la différence entre les vivants et les morts. Au Rwanda, avec plus d'un million de meurtres en 100 jours, perpétrés avec des moyens parfois primaires, mais sur le fond de la méthode absolument déshumanisante représentée par la doctrine de la guerre révolutionnaire, le génocide s'est réalisé cinq à six fois plus vite qu'à Treblinka, cœur emblématique de la machine à tuer nazie.

Par là même, quoi qu'il en soit de l'éloignement de l'Afrique et des couleurs bigarrées de l'exotisme, le génocide des Tutsi nous regarde - nous le regardons, et il nous regarde - nous en sommes comptables, coupables et victimes, et quoi qu'il en soit responsables, les uns et les autres, et en cela même, au sens aussi de ce que le film de Lanzmann révèle de la shoah, il fait de nous, qui n'y étions pas mais qui ne pouvons-nous soustraire à lui, également des rescapés : si le rescapé, dans son incondition, est celui qui se tient devant le génocide, sans pouvoir se soustraire à sa logique infernale.

Le livre de Diogène Bideri porte cela (et donc qui s'efforce de ne pas se détourner de l'effroyable, de ses effets, fussent-ils cette trace à peine perceptible au quotidien - et néanmoins accompagnant et modulant de manière indécidable et décisive le rythme ordinaire de nos vies - sera (comme s'y efforce ici la Licra) dans son rôle en lisant, en aidant à la diffusion d'un livre qui porte en lui cette vérité si difficile de notre temps). Il porte tout cela, et plus encore, dans son verbatim, mais aussi dans ses implicites, ou comme le propose son auteur, dans le silence qui accompagne ou qui suit la lecture.

Mais aussi, mais également - et Bideri, qui déclare n'avoir jamais pensé écrire un livre, endosse résolument et magnifiquement la responsabilité de l'écrivain, d'un écrivain de la modernité - il permet, par les mots, prolongés jusque dans le silence qu'ils portent, de consentir aux larmes, il objecte à l'effroyable ; autrement dit encore, il fait que ceux qui sont *comme cel*a - je ne trouve ici pas mieux que l'extraordinaire formule d'Agnon - sourient, nous sourient une dernière fois, *comme sourient les morts quand ils voient que nous pensons qu'ils ne sont plus vivants*. Inventant ainsi, peut-être, pour les hommes de l'époque des génocides, un chemin pour se rendre, au rendez-vous de leur humanité.

Alain David, Bureau exécutif de la Licra,
Ancien directeur de programmes
au Collège international de philosophie

Note de l'auteur

« Les déportés, les massacrés n'ont plus que nous pour penser à eux. Les morts dépendent entièrement de notre fidélité. »

Vladimir Jankélévitch[1]

Ce livre est une autobiographie familiale, mais inclut d'autres témoignages et souvenirs du génocide.

Je n'étais pas au Rwanda au moment du génocide, mais les circonstances du massacre des miens m'ont été rapportées par des rescapés de ma famille[2]. Ces circonstances me hantent, j'ai le devoir d'écrire ce récit familial. Mais, la famille dont je parle va au-delà de la famille biologique, ce sont tous ceux qui partagent l'histoire du génocide perpétré contre les Tutsis.

Mon père m'a raconté l'histoire familiale, parce que j'étais l'aîné des garçons. Au Rwanda, l'histoire familiale était racontée aux garçons. Certaines identités dans le livre sont masquées pour le respect de ma famille, mais ils restent les membres de ma famille, c'est mon récit.

---

[1] Vladimir Jankélévitch, *L'Imprescriptible. Pardonner ? Dans l'honneur et la dignité*, 1971, Paris Seuil, 1996, pp. 59-62.
[2] Il y a dans ce livre ce que j'ai vécu, lorsque j'étais à Nkumba, depuis octobre 1990, avant d'aller poursuivre des études à Rome en 1993. Cette autobiographie explique en partie pourquoi après le génocide j'ai pris une autre orientation. Rien ne pouvait être comme avant.

Ce récit relate des faits qui se suivent dans le temps avec des personnages, lieux, situations, actions. Plus qu'un récit autobiographique, je voudrais que ces quelques lignes soient un témoignage. Une tragédie ne s'écrit pas, elle se vit. Et lorsqu'on écrit sur le génocide, on n'écrit pas pour émouvoir, mais pour faire entrer dans le corps des lecteurs l'indicible frayeur des victimes.

Avril 1994, les projecteurs des médias internationaux s'orientent vers un petit pays situé au cœur de l'Afrique. Peu connu du grand public, le Rwanda est plongé dans une tragédie sans nom. Des images insoutenables, des témoignages accablants, quelques communiqués officiels, tardivement, qualifient ce drame de génocide : les Tutsis du Rwanda sont systématiquement exterminés.

A l'intérieur de ce pays, sur chaque colline, dans chaque famille tutsi, c'est un sauve-qui-peut généralisé. Qu'est-ce qu'on a fait pour mériter un tel sort ? Comment en est-on arrivé là ? Par manque de références historiques et culturelles, c'est l'incompréhension, la stupéfaction parmi la communauté des nations.

Pourtant le Rwanda contemporain, depuis 1959, a basculé dans la violence. Les Tutsi furent massacrés dans plusieurs régions du pays. A cette époque, le massacre perpétré contre les Tutsi de la région de Gikongoro entre 1963-1964, a été qualifié de génocide à cause de son caractère systématique et du nombre de victimes. On a dénombré plus de vingt mille victimes.

Ce livre braque le projecteur sur des individualités, des membres de ma famille principalement et les personnes que j'ai rencontrées par hasard qui m'ont partagé leurs récits.

Investi du devoir de mémoire, porté par la piété familiale, je m'impose de briser le silence où les miens sont emmurés dans la mort. Ce livre, comme l'écriture en général, peut-il changer les hommes et la société ? « La fonction de l'écrivain n'est-elle pas de faire en sorte que nul ne puisse se sentir innocent ? »

Au long des pages, je raconte la vie des uns et des autres depuis les évènements de 59, événements douloureux qui ont marqué les corps et les esprits.

Le livre répond à un besoin impérieux de libérer la parole, de me délester d'un fardeau intérieur pesant.

Deux leitmotivs parcourent le récit : la peur et l'arbitraire. Peur omniprésente chez le Tutsi qui, du seul fait d'être tutsi, est condamné à vivre dans le désespoir car il peut subir de n'importe quel autre concitoyen contrôles, arrestations, emprisonnements, tortures, viols, la mort. Arbitraire des autorités civiles responsables qui ignorent les droits élémentaires de tout citoyen rwandais.

En arrière-plan : indifférence, dans le meilleur cas, des voisins et des autorités morales, religieuses, des expatriés. A quelques rares exceptions près, cela ne semble pas heurter la conscience universelle.

Quelles réponses la famille, la société rwandaise, la religion, la raison, leur conscience ont-elles données aux victimes ? L'interrogation sur le pourquoi des choses est posée tout le long de ce livre.

La toile de fond du présent récit est le village où je suis né. Beaucoup de choses s'y sont produites, heureuses et malheureuses. Le tout constitue la trame d'une vie. Et comme on le sait, les secrets ne se gardent pas éternellement.

Certaines pages renseignent sur le Rwanda « profond », sur le quotidien de la population d'avant le génocide : l'école, le dispensaire, le marché, Ruhengeri, Gisenyi, les grands moments de la vie. Les descriptions touristiques qui parsèment les pages de ce livre démontrent aussi que le Rwanda est un « petit paradis » quand la politique ne vient pas vicier l'atmosphère.

Si j'écris l'histoire de ma famille, je ne doute pas qu'à beaucoup d'égards elle ressemble à celles de plusieurs autres familles rwandaises qui ont vécu les mêmes événements. Puisse mon récit soulager les angoisses et donner l'espoir aux victimes du génocide perpétré contre les Tutsi.

Ma famille en 1994

« Je n'ai jamais pensé écrire un livre, une tragédie familiale. »

Mon père, Faustin Mwumvaneza, tué en 1994.
Ma mère, Hélène Gasusuruko, tuée en 1994.
Jeanne Nyiranzage, ainée de la famille, rescapée.
Diogène Bideri, rescapé (auteur du livre).
Christine Nyirambabazi, décédée avant le génocide en 1993.
Yvonne Mukantaganda, rescapée.
Innocent Safari, tué en 1994.
Léonard Rutaremara, tué en 1994.
Gloriose Mukashema, rescapée, décédée en 2001.
Médiatrice Murangwa, tuée en 1994.
Olive Umubyeyi, rescapée, décédée en 2010.
Jean Claude Shingiro, tué en 1994.
Epiphanie Nyinawabega, la cadette, rescapée.

« Comprenez bien, le génocide ne va pas se dissiper dans les esprits. Le temps va retenir les souvenirs, il ne va jamais accorder plus qu'une petite place au soulagement de l'âme. »[3]

---

[3] Jean Hatzfeld, *Dans le nu de la vie. Récits des marais rwandais*, Editions du Seuil, Paris, 2000, p. 167.

Les collines où je suis né

Très tôt, on est réveillé par le chant des oiseaux et les cris des paysans qui partent pour le travail aux champs. De l'enclos de notre maison, je pouvais voir les volcans alignés et se reliant les uns aux autres par des étranglements et défilés en dos d'âne.

L'impressionnant volcan Kalisimbi s'élève hiératiquement en face de mon village. On se sent presque englouti dans son immensité. Mais il s'agit d'un infini qui nous rassure. On dort et on se réveille sous son œil vigilant. Toute l'année, il est couvert de neige à sa cime. Aucune vie ne saurait éclore sur les sommets du titan. Un nuage épais flotte en permanence sur les sommets.

Selon la légende, les esprits des morts vivent dans les entrailles des volcans. Le volcan Nyamuragira, toujours en colère, est la demeure des héros. Ses flammes sortent et rentrent dans le volcan. Ce va-et-vient des flammes est le mouvement des esprits. Tous les esprits obéissent à Ryangombe[4].

---

[4] Roi-héros mythique errant avec ses compagnons fidèles, d'aventures en aventures à la recherche de batailles, de chasse et de razzias de cheptel. Le culte de Ryangombe est originaire de la région du Gitara au Bunyoro et du Nkore et se serait répandu au Rwanda peu avant la venue de Ndori au 17e siècle et fut adopté par tous. Les initiés y imploraient l'assistance des compagnons de Ryangombe pour obliger leurs propres ancêtres agressifs à cesser de tourmenter les vivants et à leur procurer des bienfaits. A côté du culte de Ryangombe, un culte des ancêtres était pratiqué par un ainé dans la résidence au nom de tous les membres de son lignage, « inzu » (Voir Jan Vansina, *Le Rwanda ancien. Le royaume*

Ma famille habite près du rocher de « Nkuli » à quelques kilomètres de la ville de Ruhengeri. Le rocher suinte de l'eau qui descend lentement le long des parois. Il y a, à l'intérieur, plusieurs grottes pleines d'eau.

Les énormes volcans sont couverts d'une immense forêt où vivent paisiblement des gorilles de montagnes, des éléphants et des buffles. Les pluies abondantes remplissent les creux sur les flancs des volcans. L'eau emmagasinée dans les creux libérera des torrents qui s'écouleront vers les vallées, des inondations « imyuzi ». Beaucoup d'animaux sont emportés par ces impressionnantes rivières occasionnelles.

Une fois on nous annonça qu'un buffle s'était échappé de la forêt. Alors tout le monde eut peur de sortir de la maison puisqu'on ne savait pas où il s'était caché. Un groupe de gens essaya de le pourchasser avec des lances sans grand succès. Il tenta même de se réfugier dans une maison et là aussi il y fut délogé par les cris des paysans.

La sagesse locale disait pourtant qu'il ne fallait pas tuer un animal qui vient se réfugier dans ta maison. Malgré cet interdit, l'animal fut tué et sa viande partagée entre les villageois. Malheureusement, le buffle avec ses cornes avait déjà tué deux femmes. Le buffle est l'animal le plus dangereux de la forêt. La légende lui attribue la mort du héros mythique Ryangombe.

Ma mère me raconta l'histoire d'un éléphant qui avait quitté la forêt et puis s'était installé non loin des maisons. Les gens lui jetaient des sagaies et d'autres objets perçants sans pouvoir le tuer. Et plus l'éléphant était blessé, plus il devenait agressif. Alors, avec sa trompe, il cracha une grande quantité d'eau qui surprit les quelques personnes qui le pourchassaient. L'éléphant rebelle fut maîtrisé et récupéré par les gardes forestiers.

Nyiginya, Karthala, Paris 2001, pp. 55-58).

La nuit tombe plus tôt sur les paysages idylliques de mon village. Vers 17 heures, on voit le soleil s'en aller de l'autre côté des volcans. L'eau du lac Kivu rougit au passage du soleil allant se coucher dans le grand pays voisin.

Les vaches rentrent majestueusement à la queue leu leu et leur mugissement polyphonique clôt le labeur de la journée. Leurs cornes sont énormes. On se demande comment ces bêtes peuvent les porter ! La traite remplit plusieurs pots de lait que les mères déposent dans la hutte.

Le soir, il fait froid et les gens se retrouvent assis autour du feu. Le bois brûle mais, comme il est de mauvaise qualité, il jette une fumée très épaisse et cuisante pour les yeux.

Mon père nous raconte plusieurs récits dans lesquels il fait parler des animaux.

On est très ravi de les écouter. Il nous raconte comment étaient nos grands-parents. Notre grand-père avait une barbe longue et blanche. A défaut d'avoir sa photo, une photo de remplacement, de Rwubusisi a été placée au-dessus du linteau de la cheminée familiale. Ma grand-mère, elle, je l'ai connue, elle habitait en face de notre maison.

L'exil

Novembre 1959

Au nord du pays, les volcans s'embrasent et tonnent. Le Nyiragongo est en éruption, la lave coule. Son voisin, le Nyamuragira, avec ses lueurs de feu, brûle tous les soirs. Les Tutsi, eux, courent aussi. Ils fuient. Derrière, les maisons en chaume brûlent. La chasse aux Tutsi a commencé.

Ce qu'il faut noter c'est que jusque en 1959, les Rwandais n'avaient jamais connu ni incendies ni tueries de masse, à caractère ethnique. On n'aurait jamais imaginé des Hutu lever des machettes contre leurs voisins Tutsi. Hutu et Tutsi vivaient ensemble, ils étaient amis et voisins. La manipulation ethnique les a poussés à se haïr.

Tout commence avec ce qu'on a appelé « la Révolution de 1959 » appuyée par l'administration coloniale belge et l'église catholique. Grégoire Kayibanda et une petite minorité de politiciens du Mdr-Parmehutu et Aprosoma[5] vont dresser des masses paysannes hutu contre leurs voisins Tutsi, guidés par de sinistres intérêts politiques.

La propagande raciste du Mdr-Parmehutu présentait les Tutsi comme des étrangers, des envahisseurs venus d'Absynnie. Pour les traquer, il utilisa la carte d'identité à mention ethnique. On y trouvait le terme « hutu », « tutsi »

---

[5]Mdr-Parmehutu : Parti du mouvement de l'émancipation hutu créé à Gitarama le 18 octobre 1959 par les partisans du manifeste des Bahutu de 1957 ; Aprosoma, Association pour la promotion sociale de la masse, créée par Joseph Gitera le 15 février 1959.

ou « twa ». Cette carte avait été établie par l'autorité coloniale belge à des fins administratives. Dans la suite, elle constituera un important instrument des massacres perpétrés contre les Tutsi. Ainsi, sur les routes, une simple vérification de la carte d'identité renseignait sur l'appartenance ethnique de la personne en vue de l'arrêter ou éventuellement de la tuer.

D'un côté, le Mdr-Parmehutu incitait les Hutu à s'en prendre aux Tutsi, de l'autre, les tueurs étaient eux aussi convaincus de devoir tuer.

Des changements politiques, le passage de la monarchie à la République, l'indépendance, ne pouvaient pas expliquer les incendies systématiques, expulsions, et massacres des Tutsi.

L'institutionnalisation de la politique d'exclusion et divisionniste, l'impunité, et la propagande haineuse qui ont suivi l'indépendance vont coûter la vie à des milliers de Tutsi. La machine génocidaire était mise en marche à partir de 1959.

A partir du 1er novembre, des incendies gagnent plusieurs régions du Rwanda. Les territoires de Ruhengeri et Gisenyi sont atteints entre le 4 et le 5 novembre[6].

La chefferie du Mulera, lieu de naissance de mes parents est incendiée le 7 et le 8 novembre 1959.

Le village de Gahunga[7] où vivent mes oncles et leurs familles est en flammes. Vers huit heures du matin, des

---

[6] Sur les événements de novembre 1959, voir Antoine Mugesera, *Les conditions de vie des Tutsis au Rwanda de 1959 à 1990. Persécutions et massacres antérieurs au génocide de 1990 à 1994*, Ed. Dialogue & Izuba, 2014, pp. 17-18 ; Voir également A. Mugesera, *Rwanda 1959-1962. La Révolution manquée*. Anthologie – Vol. 2, Ed. Izuba, 2018, pp. 123-124.

[7] Situé dans le voisinage de Rugarama dans le territoire de Ruhengeri, Gahunga est connu grâce à Rukara fils de Bishingwe, de la famille des « Abarashi », archers qui a assassiné le Père Loupias des missionnaires d'Afrique, en 1910. L'administration allemande envoya une expédition punitive de Kigali pour aller venger le père Loupias.

paysans, armés de machettes, s'introduisent dans l'enclos. Ils pillent les maisons avant de les brûler. Les incendiaires se déplacent par petits groupes. Ils passent de maison en maison portant à la main des torches de paille allumées. Les maisons brûlent, les paysans youyoutent en pourchassant les familles qui continuent à fuir. Les autres chefferies du nord brûlent, surtout le Bukonya et le Bugarura[8]. Les Tutsi de Karangara ont traversé la frontière ougandaise dès les premières émeutes. Ils se sont réfugiés au Bufumbira voisin. Ceux du Bukonya ont été acheminés au Bugesera, près marécages de la rivière Nyabarongo. Des milliers de Tutsi jugés indésirables étaient bannis, interdits de retourner dans leurs villages.

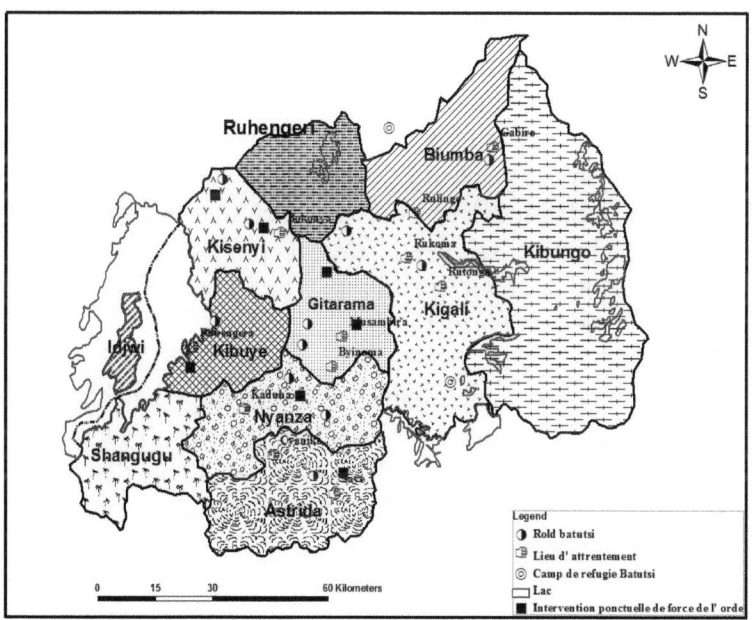

Carte. Violences contre les Tutsi entre 1959-1962 (Archives Université du Rwanda. Collections Rwandaises).

---

[8] Le Bukonya, le Bugarura, et le Karangara étaient situés dans l'ancien territoire de Ruhengeri.

Mes oncles fuient vers la zone de Rutchuru au Congo. La caravane prend la direction des volcans. Ils montent plusieurs collines volcaniques. Ils suivent le sentier tracé par les chasseurs d'éléphants qui conduit au pied du volcan. Maintenant commence la rude ascension du volcan Muhabura.

A mesure qu'ils avancent, les broussailles s'enchevêtrent. Dans l'obscurité de la nuit, ils doivent traverser la forêt à pieds. Les humains et les vaches se bousculent pour avancer. De temps en temps, le sentier se perd.

Partout il y a des bois de bambous couverts de feuillage gris d'argent. Des tiges en décomposition gisent par terre. Des excréments fumants de buffles et d'éléphants jonchent le sol. Les animaux fuient devant cette marée humaine.

Au bout de cinq heures, la caravane atteint la dépression entre les volcans Muhabura et Gahinga. Les hommes et les vaches marchent en avant, les femmes et les enfants suivent. L'air est glacé et les membres engourdis de froid.

D'innombrables débris de bois déchirent et blessent les pieds. Les jambes saignent. Tous, ils marchent nu-pieds et commencent à gémir maudissant du fond de leur cœur Kayibanda et son Parmehutu.

Différents bruits courent dans la région de Ruhengeri. Certains racontent que le sous-chef Bicamumpaka a été tué par les Tutsi. Le colonel Guy Logiest aurait décrété la chasse aux Tutsi[9]. Des gens de passage au village disent que Monseigneur André Perraudin a acheté des allumettes pour incendier les maisons des Tutsi.

---

[9] Plusieurs sources parlent d'un hélicoptère (des forces armées belges) qui sillonnait le pays pendant les incendies. Certains affirment même l'utilisation de cet hélicoptère dans les incendies et la chasse des Tutsis. Guy Logiest parle de cet hélicoptère, mais dans le contexte des élections du 25 septembre 1961. (Guy Logiest, *Mission au Rwanda. Un blanc dans la bagarre Tutsi-Hutu*, Bruxelles, Didier Hatier, Bruxelles, 1988, p. 198).

Cette marche est épuisante, mais elle est pleine d'espoir, une terre d'accueil attend les exilés. L'air du matin est frais et réconfortant. A l'aube, on aperçoit déjà les premiers villages au pied du volcan. D'autres villages parsèment la cime des collines et regroupent chacun vingt à trente huttes. On aperçoit la grande plaine du Bufumbira.

Après tant de fatigue et d'épuisement, ils arrivent en territoire congolais. Ils passent devant un petit village entouré de plantations de bananiers.

Les habitants, très nombreux se pressent avec curiosité autour des réfugiés. Leurs visages sont pleins de tatouages et décorés de grandes taches noires.

Toutes les tribus sont bienveillantes envers les réfugiés. Le roi local s'appelle Ndeze. Il accueille les gens avec beaucoup d'humanité. Tout grouille autour des réfugiés. La vie recommence, un espoir nouveau éclaire leurs yeux.

Entre temps, au Rwanda, lorsque les premières maisons commencèrent à flamber, mon père n'était pas à la maison. Il était à Muhororo, dans le Kingogo à l'école. Là, il était logé avec d'autres jeunes dans les locaux de la mission. L'école est à plus de quatre-vingt kilomètres de l'habitation familiale. Pour aller chez lui, mon père doit voyager à pied. Le voyage dure parfois plus de deux jours.

Mes oncles venaient d'échapper aux massacres, mais demeuraient inquiets. Les gens racontaient que mon père avait été tué à Nyundo. D'autres disaient qu'il avait pu s'échapper à Mokoto, au Congo avec d'autres réfugiés. Tout le monde attendait de ses nouvelles.

Tous les élèves furent renvoyés chez eux. Mon père ne savait pas où aller. Il voulait suivre les réfugiés qui fuyaient vers le Congo. Il y renonça. Malgré le trouble qui régnait partout au Rwanda, mon père se rendit chez ses parents à Gahunga. Ont-ils été tués ? Vivent-ils encore ? Autant de questions qui bourdonnaient dans sa tête. Pourquoi ne fuit-il pas ? Ne craint-il pas d'être tué comme les autres ?

L'esprit de jeunesse et le goût du risque l'emportèrent. Il descendit à Gahunga.

Sur la route, il rencontra des incendiaires et des pillards. Ils ne tuaient pas. Mon père se rendit d'abord au poste administratif de Ruhengeri[10]. Il voulait rencontrer l'administrateur territorial. Vers dix heures, il fut reçu par M. Joseph De Man l'Administrateur territorial de Ruhengeri[11].

Face aux événements, les Belges avaient un double langage. Officiellement, l'insécurité était causée par la révolte des paysans. Dans les coulisses, l'administration coloniale encourageait les incendiaires et les pillards.

Les bruits qui circulaient mettaient en cause le Résident spécial et les agents territoriaux. Néanmoins, mon père fut reçu par M. De Man. Celui-ci parlait du débordement des forces de l'ordre. Il lui signa un sauf-conduit qui lui permettait de circuler librement. Avec ce papier, mon père pouvait se rendre chez lui à Gahunga.

---

[10] Le drame immédiat et futur du Rwanda se joue entre les mains de Guy Logiest. La décision d'évincer les autorités tutsi aurait des conséquences politiques, cela était évident, il le savait. Ainsi pouvait-il justifier son choix : « l'attitude des Hutu m'avait convaincu que ma tâche serait facilitée si j'avais affaire à eux plutôt qu'aux Tutsi ». (Guy Logiest, *op. cit.*, p 58-60). Pour lui, la démocratie se mesurait arithmétiquement comme suit : « Du fait que les Hutus étaient les maîtres à présent dans 211 communes sur 229, le pays était entré résolument dans la vie de la démocratisation ». (Guy Logiest, *op. cit.*, p. 169). Le Colonel Guy Logiest avait imposé le remplacement des chefs et sous-chefs Tutsi sans donner une explication au *Mwami* (roi du Rwanda). Or, ce remplacement violait le décret de 1952 sur les attributions du *Mwami*.

[11] Administrateur territorial de Ruhengeri, très proche des idées de Guy Logiest, M. De Man fut nommé ministre des Affaires économiques dans le premier gouvernement formé par Grégoire Kayibanda. M. De Man s'était donné à cœur joie au remplacement des chefs Tutsi : « Enfin, nous allons pouvoir respirer ! » s'était-il exclamé lors de la réunion du 17 novembre 1959 que dirigeait Guy Logiest. D'autres Administrateurs, comme M. de Jamblinne, étaient plutôt soucieux du respect de la législation en vigueur.

Lorsqu'il arriva à Gahunga, il n'en croyait pas ses yeux. Il n'y avait plus personne à la maison. La cendre était encore fumante. Toutes les huttes avaient été brûlées. Soudain, un des incendiaires lui barra le chemin. Il lui cracha des insultes. Il portait un arc et une lance. D'autres hommes armés arrivèrent en courant. Le cercle se referma autour de mon père.

Reprenant tout son courage, il sortit le sauf-conduit. En le voyant, leurs yeux s'ouvrirent grandement. Le seul fait de nommer M. De Man les fit reculer. Il quitta ensuite les lieux[12].

---

[12] A. Mugesera fait mention de familles de Tutsi du clan des Bakono à Rugarama, probablement de la même famille que mon père. Ils ont essayé de se défendre et blessé certains des assaillants venus brûler leurs habitations (A. Mugesera, *Les Conditions de vie des Tutsi*, op. cit., p. 214).

Ma famille

« J'étais petit garçon… Je me rappelle ma maman… Elle cuisait le meilleur pain du village, elle avait le plus beau potager. On avait, au jardin et dans la cour, les plus gros dahlias. »

Svetlana Alexievitch[13]

L'histoire du mariage de mes parents est très compliquée mais belle. Ma mère a dix-sept ans quand éclatent les troubles de 1959. Elle est l'aînée d'une famille de sept enfants. Sa famille est du clan des « Abanyiginya », lignage des « Bahumuro ». Mon père lui, appartient au lignage des « Abega », de la famille des Bahenda[14].

---

[13] Svetlana Alexievitch, *Œuvres*, Actes Sud, p. 2015, p. 475.
[14] Le clan est un groupe social plus vaste, une alliance entre lignages. Ce dernier désigne une unité sociale fondamentale appelée aussi « la maison », « inzu » comprenant l'ensemble de trois générations. On appelait clan aussi espèce, race, genre, « ubwoko ». Les mots hutu, tutsi et twa signifiaient des catégories sociales, le terme « ubwoko » ne fut appliqué aux trois catégories sociales que depuis 1950 suite à la corrosion coloniale. (Sur l'histoire des clans, voir Jan Vansina, *op. cit.*, p. 48, note 99 ; A. Nyagahene, *Histoire et Peuplement. Ethnies, clans et lignages dans le Rwanda ancien et contemporain*, PU du Septentrion 1998, pp. 204-205 ; J.-P Chrétien, *L'Afrique des Grands Lacs. Deux mille ans d'histoire*, Paris 2000, p. 62, 329, note 18 ; A. Coupez et T. Kamanzi, *Récits historiques*, Tervuren 1962, p. 24 ; A. Kagame, *Poésie dynastique*, Institut royal colonial, Tome XXII, fasc. 1, Bruxelles 1951, p. 189, No 123 ; A. Kagame, *Les organisations socio-familiales de l'ancien Rwanda*, T XXXVIII -3, Gembloux 1954, 209-213 ; M. D'Hertefelt, *Les clans du Rwanda ancien, éléments d'ethnosociologie et d'ethnohistoire*, INRS, Butare 1971 ; D. Newbury, « The clans of Rwanda ; an historical

Ma mère avait fréquenté l'école de la mission adventiste de Rwankeri[15]. Elle et mon père ne se connaissaient pas encore. Une année avant les événements, elle avait été fiancée à un jeune pasteur adventiste. Le mariage devait avoir lieu dans les quatre mois après les fiançailles. Mais hélas, les troubles éclatent. Le mariage n'a pas lieu.

Le fiancé de ma mère est contraint à l'exil. Il se réfugie au Congo avec sa famille. Personne n'était à l'abri, ma mère s'apprêtait elle aussi à quitter le Rwanda. Entre temps, il y a eu une accalmie, les incendies et les pillages ont cessé. Finalement, ma mère et sa famille renoncent à l'exil.

Depuis quelque temps, mon père s'était établi à Rwankeri dans une propriété familiale. Il est seul. Il est réconforté par les visites de quelques amis. Avec eux, il discute du mariage. Le cercle d'amis regroupe aussi bien des Tutsi que des Hutu.

Il s'agit pour la plupart de jeunes moniteurs. Tous sont de fervents pratiquants. Ils fréquentent la messe du dimanche. Ils ont l'allure de jeunes « évolués ».

Un jour, papa rencontre ma mère. Il tombe amoureux d'elle. Sans tarder, il demande sa main. Mais les parents s'y opposent. Il faut d'abord régler le problème du premier fiancé. Après un certain temps, les parents cèdent.

Mais un autre problème les attend. Ils ne peuvent pas célébrer un mariage religieux. Papa est catholique, ma mère est adventiste. Il faut que ma mère change de religion. L'instruction chrétienne dure trois ans. Maman est baptisée le jour du mariage.

---

hypothesis », *Africa*, 50, 1980, pp. 389-403 ; P. Schumacher, *Rwanda*, Micro-Bibliotheca Antropos, Posieux 1958, pp. 1188-1193 ; L. Delmas, *Généalogies de la noblesse (les Batutsi) du Rwanda*, Kabgayi 1950, p. 57).

[15] Les noms de lieux et les noms de personnes sont cités selon l'orthographe originaire.

Le mariage a lieu à la future cathédrale de Ruhengeri. Un jour inoubliable, qui fut égayé par la vieille voiture de notre voisin, Monsieur Matthias Rukebesha. Cette voiture de marque « Bedford » était très vieille, mais roulait de temps en temps. Elle transporta les mariés, sans incident.

Entre-temps, les élections ont déjà eu lieu au Rwanda. Le roi Kigeri V a été chassé du pays par l'administration coloniale belge. Les Tutsi ont tout perdu. Ceux qui ne sont pas exilés vivent dans la peur. Ils sont pris dans un piège sans fin.

Les jours passent. Ma mère attend un enfant. En septembre 1961 naît une petite fille. Elle est mignonne et ressemble beaucoup à maman. On l'appelle Claudette. Elle a la peau claire. Elle attire l'admiration des gens. Les amis visitent la famille. Mes parents rêvent d'avoir beaucoup d'enfants. La tradition veut que la famille soit nombreuse.

Deux ans plus tard, mes parents ont un second enfant. Le fait d'avoir un petit garçon réjouit la famille. Depuis son mariage, ma mère a amené sa jeune sœur à la maison. Elle vit chez nous. Elle est très gentille et nous l'aimons beaucoup. Elle nous porte au dos dans une large étoffe servant de porte-bébé. Son mariage a été célébré chez moi, mais son départ fut une déchirure.

Maman sait faire de la bonne cuisine. Elle nous prépare des frites de pommes de terre. Elle les découpe en morceaux qu'elle fait cuire dans l'huile d'arachide. Mais je préfère l'huile de palme. Tandis que maman fait la cuisine, les odeurs de cuisson qui s'échappent de la cuisine se répandent chez les voisins. Quelques gamins sont attirés par ces odeurs. Ils s'y laissent prendre et nous rendent visite à l'instant même.

Le matin, on boit de la bouillie de sorgho. Plus rarement, nous mangeons du pain. Un jour, tandis que maman prépare du thé, tout le contenu de la casserole se déverse sur la jambe gauche. Elle a des brûlures, mais cela passe vite. Mon père la soigne avec de la pommade dont j'ignore le nom.

Dès l'âge de six ans, je suis inscrit en première primaire à la mission catholique de Busogo.

Le vent est en ce début de matinée glacial. L'eau est froide et on hésite à se débarbouiller avant de partir à l'école. Quelques écoliers vont à l'école sans se laver. On était plusieurs enfants le jour de notre première rentrée scolaire. Mon père m'avait accompagné. On était curieux de voir nos classes et surtout de rencontrer d'autres enfants. On jouait sans se fatiguer dans la cour de l'école.

La poussière et les petits cailloux incrustés dans le sol ne gênaient en rien notre jeu. On était excité de porter pour la première fois nos uniformes. Les garçons étaient en kaki, les filles portaient des tuniques bleues. Soudain le tambour retentit. C'était l'heure des inscriptions.

Mon père était là, et c'est lui qui me fit inscrire. Après l'inscription, chaque enfant rentrait en classe. Ce moment fut très dur pour tous les enfants. Nos accompagnateurs nous laissèrent là, seuls avec nos instituteurs. D'ailleurs certains se mirent à pleurer.

Tout se mit en ordre lorsqu'on nous distribua de petites ardoises et les touches en calcaire. On s'exerce d'abord à tenir la touche et la petite ardoise. Dans la suite la maîtresse d'école nous apprend à écrire et à lire les premières lettres de l'alphabet.

Tous, on répétait à haute voix, après elle : a, e, i, o, u.

Les bâtiments abritant l'école étaient trop rudimentaires. Couverts de tuiles, les murs étaient en torchis. A l'intérieur, il y avait trop de poussière. Il fallait y verser chaque fois de l'eau pour faire baisser la poussière et chasser les puces.

On était assis sur des troncs d'arbres. L'école était à quatre kilomètres de la maison. Pour y aller, il fallait traverser un très grand terrain plein de pierres de lave. Il fallait marcher en regardant là où l'on mettait le pied pour ne pas buter contre une pierre. Ceux qui étaient imprudents perdaient facilement leurs ongles. Presque tous les enfants étaient pieds nus. Le petit sentier qui menait à l'école était très étroit. Malgré cela, on allait à l'école en courant.

Non loin de l'école se trouvait l'église paroissiale. Elle venait d'être achevée. Les missionnaires de Busogo étaient les seuls Blancs de la région. Le Père Bellomi, supérieur de la mission, avait une longue barbe blanche.

Il était gentil mais les gens le craignaient. On le prenait pour un colosse capable de plier en deux une lame de métal. Aucun voleur n'osait s'introduire dans la propriété des religieux. Les gens préféraient gagner honnêtement leur vie plutôt que de se faire attraper par Bellomi.

On venait souvent humer les odeurs qui sortaient de la cuisine de la cuisine de la communauté. Le cuisinier nous regardait d'un œil amusé. Il tirait orgueil de sa cuisine. Nous aurions aimé qu'il nous y fasse goûter mais il avait peur de Bellomi.

Le dimanche, l'église paroissiale était pleine de fidèles. Les missionnaires parlaient un kinyarwanda « européanisé ». D'ailleurs, l'important n'était pas de comprendre ce qu'il disait, mais d'être là.

Ce qui retenait l'attention des gens c'était les chants interminables exécutés par quelques hommes choisis parmi les chrétiens zélés. Les jours de grandes fêtes, les chants retentissaient dans toute la région. Les religieux avaient placé les porte-voix dans la tour de l'église.

Tout commençait à l'aube avec le jeu des tambours. Vers dix heures, on voyait sur les collines entourant la paroisse, des files de gens habillés de beaux vêtements aux couleurs vives qui se rendaient à la messe.

Le dispensaire de Busogo était l'unique centre médical de la région. On y soignait presque toutes les maladies. Fréquemment, on voyait des personnes portant des plaies profondes sur la jambe. L'os était presque visible.

Les aides-soignants rwandais s'occupaient des premiers soins. Une religieuse blanche faisait les consultations à l'intérieur du bâtiment. Près d'elle, un Rwandais lui servait d'interprète. Alors, suivait la distribution des médicaments.

Il s'agissait de trois grandes bouteilles pleines de comprimés de plusieurs couleurs. On aurait dit que les mêmes médicaments soignaient les maladies différentes. A la sortie du dispensaire, le soulagement se lisait sur les visages des patients. La rencontre avec l'infirmière avait un effet magique sur le malade.

Mon séjour à l'école primaire de Busogo dura seulement une année. J'entrai en deuxième année à l'école primaire de Byangabo. Ma nouvelle école est une des plus belles écoles de la région.

Elle a été construite avec l'aide du « Fonds du Bien Être Indigène - FBI ». La plaque portant l'acronyme FBI se voit de très loin. Deux ou trois grands bâtiments occupent un terrain poussiéreux. On s'assied à trois sur un banc en métal bleu marine.

Devant se trouve un pupitre dans lequel nous rangeons nos cahiers et nos livres. Chaque pupitre est muni d'un encrier et d'un espace pour aligner nos crayons.

On doit conserver soigneusement nos plumes et éviter de se salir les mains. Pour apprendre à compter, les premières classes utilisent un boulier multicolore.

On est content d'apprendre le français, les gens disaient que c'était la langue des évolués. Le livre intitulé « Matins d'Afrique » est rempli d'histoires que nous lisons avec joie. Parfois nous devançons l'instituteur pour dévorer des histoires intéressantes, telle *Iuwulu et les canards sauvages, l'agriculteur et le génie*.

Le début et la fin des leçons s'annoncent par le coup de sifflet du maître principal. Le matin, il attend les retardataires avec sa baguette. L'un après l'autre, les retardataires reçoivent une tape aux mollets.

Ceux qui sont à l'heure se mettent en rang, chaque enfant tendant le bras sur l'épaule de son camarade. Avec un air très grave, l'instituteur se tient devant nous. Il regarde si nos habits sont propres et nos têtes soignées. Ceux qui sont sales sont renvoyés chez eux.

Les instituteurs sont jeunes et très dynamiques. Ils ont le souci de nous enseigner un maximum de choses. Ils nous répètent que l'école est la clé du bonheur.

Il n'y a pas d'écoles privées, toutes les écoles sont publiques. Malheureusement peu d'enfants réussissent le concours national et plusieurs abandonnent l'école.

Ceux qui échouent restent sur la colline, occupés aux travaux agricoles ou deviennent de petits voyous. Le marché de Byangabo qui est à quelques pas de l'école est plein de jeunes qui ont abandonné l'école. Les pieds abimés, ils marchent comme des vieillards en clopinant.

Le marché de Byangabo est très ancien, il existait déjà avant la naissance de mon père. Celui-ci nous raconte que le marché était un grand centre de vente de peaux et de tabac. Ce sont les Indo-pakistanais qui l'ont construit.

Il comprend de petites maisons serrées les unes contre les autres. Le centre de négoces s'étend le long de la route nationale reliant les villes de Kigali et Gisenyi.

Aujourd'hui, les Indo-pakistanais sont partis, il ne reste que des vendeurs autochtones. Ici et là, on trouve des carcasses d'automobiles entassées au fond de la place.

Les restes de véhicules des marques Ford ou Chevrolet témoignent de la richesse de leurs propriétaires. Les maisons en briques cuites sont très sales et mal entretenues.

On y vend principalement du sel, des savons, des tissus, des piles électriques et des vélos. On y trouve surtout de grands rouleaux d'étoffes bigarrées que portent souvent les femmes aisées de la région. Tous ces produits proviennent du district de Gisoro en Ouganda. La région survit grâce à la fraude et l'État ferme les yeux.

Le marché a lieu tous les mardis et vendredis. Les gens descendent les collines et marchent le long de la route en procession. Les femmes portent leurs enfants sur le dos et de gros paniers sur la tête.

En cours de route, elles causent ensemble. Comme il n'y a pas de toilettes publiques sur la route, les femmes s'arrêtent au bord de la route pour se soulager. Debout légèrement inclinées, la longue jupe soulevée par-derrière par la main gauche, l'autre maintenant un gros panier sur la tête, elles font leurs petits besoins. Malgré le jet abondant qui s'écoule entre les jambes, la longue jupe n'est pas mouillée. Un geste rapide entre les jambes pour essuyer les gouttelettes indécentes et puis la femme rattrape en courant ses amies. Ce geste naturel ne gêne pas les passants. On se salue tout en se soulageant.

Les femmes s'occupent de tout et peinent pour faire vivre la famille. Par contre les hommes se rendent aussi au marché pour boire. Le soir, ils rentrent ivres, en chantant des airs de tous genres.

Le marché est un lieu de troc où les gens échangent ce qu'ils produisent. Les bananes sont dans de grands paniers déposés à terre. Les gens supplient les chalands pour qu'ils achètent chez eux.

La pluie ruine le marché, la boue envahit l'emplacement et l'assistance se précipite dans des abris de fortune. Les vendeurs déballent les habits de seconde main et les étalent sur des nappes étendues sur le sol. Les jeunes filles prennent leur temps pour essayer des habits et choisir quelques sous-vêtements.

Le marché est inondé de plusieurs odeurs qui sortent de baraques servant de restaurants. Les gens suivent ces odeurs et y pénètrent discrètement. Ils font tout pour ne pas être vus par des yeux indiscrets.

Ceux qui mangent au marché sont considérés comme des gloutons. Mais les odeurs sont irrésistibles et les gens y vont volontiers. Ils mangent souvent des pommes de terre ou des beignets cuits dans l'huile de palme. Les plus riches prennent des plats chauds de viande de chèvre accompagnée d'une sauce fumante.

Malgré la pauvreté qui se lit sur tous les visages, la population est contente de se rencontrer et de bavarder. Les gens s'apostrophent, crient, rient, causent longuement et ne font pas attention aux voitures qui passent à vive allure. Des imprudents se font écraser par des poids lourds qui se hâtent pour regagner Kigali ou le sud du pays.

En effet, c'est sur cette route que transitent tous les camions qui transportent la bière locale, « Primus ». Parfois c'est la voiture qui doit se débrouiller pour ne pas heurter les gens. S'il y a un accident, le chauffeur fuit pour échapper au lynchage.

Le marché se termine dans la soirée et on voit des gens s'éloigner sur les collines jusqu'à ce que leurs silhouettes disparaissent dans l'horizon rouge et noir.

Le vendredi est le jour où un bœuf est abattu et vendu très rapidement. Peu de gens peuvent s'acheter de la viande. Au milieu du marché se trouve une petite baraque servant de boutique de viande.

Le bœuf est lié et tué sur-le-champ. Le vétérinaire passe rapidement et vérifie à l'œil nu si la viande est bonne. Alors le boucher, muni d'un long couteau, dépèce l'animal.

De gros morceaux de viande pendent à un énorme crochet. Avec son tablier taché de sang, le boucher tranche des pièces de viande.

Il nous sert parmi les premiers, c'est un ami de famille. Ceux qui passent après nous vont se contenter de la viande moins bonne avec plus d'os. Comme nous n'avons pas de réfrigérateur, maman s'arrange pour que la viande soit vite consommée. Les goûts d'enfance ne disparaissent jamais, malgré l'âge. Ils accompagnent les étapes de la vie.

Les fêtes de Noël et de Nouvel An sont les plus célébrées par la population. Tout se passe en famille. Les gens s'arrangent pour bien manger. Ils achètent aussi de nouveaux habits. A ces deux occasions, on mange de la viande, du riz et de la pâte de manioc.

La musique d'origine kenyane et congolaise s'entend dans tous les postes de radio. Mais il faut acheter de nouvelles piles. On s'invite entre amis pour boire ensemble la bière de sorgho. Ceux qui ont des moyens boivent de la bière de banane, de la Primus et des limonades. Il s'agit surtout de commerçants, et des instituteurs.

Mon père faisait tout pour que Noël et le Nouvel An soient pour la famille des moments de joie. En plus des repas copieux, tous les enfants recevaient des cadeaux : des biscuits, des bonbons et de petites surprises.

Notre maman nous achetait des habits selon nos goûts. La journée se prolongeait par des visites d'amis qui venaient pour les vœux. Ils restaient boire et manger avec nous. Ce rituel continuait jusque tard dans la nuit.

Les chants traditionnels parlaient en général de la famille, de la prospérité, de la pluie et du bon temps. On célébrait l'amitié et la solidarité entre voisins. Les gens fredonnaient aussi des airs adventistes. Nos voisins étaient tous adventistes.

Quelques fois, les fêtes se concluaient par de graves incidents. Les gens se battaient sans raison. On déplorait même des morts. Aussitôt les agresseurs étaient arrêtés et emprisonnés à la prison centrale de Ruhengeri.

Un jour de Nouvel An, deux frères se mirent à se battre. Ils se lancèrent des pierres. Malheureusement, une pierre tomba chez des voisins. Un homme qui faisait la fête avec sa famille fut atteint en pleine tête. Son cerveau fut touché.

Le lanceur de pierre fut arrêté, mais les deux familles se haïssent jusqu'à aujourd'hui.

En dehors des fêtes, la vie est rythmée par quelques activités champêtres et pastorales. Les paysans travaillent la terre et élèvent des chèvres, des vaches et des moutons. Ils s'adonnent paisiblement à leurs travaux et procurent ainsi des vivres à la population locale.

Les familles s'aident mutuellement surtout lorsqu'il y a un décès. Le décès est annoncé par un proche du mort qui monte sur une colline et annonce à haute voix le nom de la personne décédée.

Les gens viennent à la maison mortuaire pour réconforter la famille. En général, ils apportent une boisson qu'ils consomment sur place. Le mort est accompagné par tous. Si quelqu'un s'absente, il est considéré comme ennemi de la famille. Le cimetière de Gahanga se trouve aux environs du marché de Byangabo.

Le mort est transporté sur une civière. Quelques heures avant l'inhumation, les gens préparent la tombe dans laquelle le corps, soigneusement enveloppé dans une natte, est déposé. Pas de cérémonie ni de symbole religieux.

Les gens se séparent laissant le mort à son destin. Au bout de quelques mois, les tombes sont couvertes d'herbes et transformées en champs. L'endroit fait peur ! Parfois l'école nous envoie aller puiser de l'eau pour nettoyer les salles de classe. Cela nous fait peur puisqu'il faut d'abord traverser le cimetière. Alors on le traverse en courant pour échapper aux esprits des morts. Une légende locale dit que les esprits allument un feu la nuit, les gens ont peur de s'approcher des lieux des morts.

L'ancienne place du marché de Byangabo
(Photo archives personnelles, 2015).

La prison
1962-1963

L'année 1959 avait été marquée par des troubles, des massacres et des mouvements de réfugiés. La situation ne cessa de se dégrader entre 1961 et 1963. Les raisons alléguées pour justifier les massacres des Tutsi furent des attaques attribuées aux groupes armés, appelés Inyenzi[16]. Ils étaient composés majoritairement de jeunes qui réclamaient entre autres leur retour au Rwanda. Kayibanda et son gouvernement étaient opposés au retour des réfugiés et leurs biens avaient été confisqués. Il les accusait de vouloir détruire les nouvelles institutions républicaines pour rétablir la monarchie. En réalité, Kayibanda voulait mobiliser la masse hutu contre les Tutsi.

Une violence sans précédent se déchaîna dans le pays. Les Tutsi de l'intérieur étaient considérés par le régime comme des « complices » des « subversifs », un qualificatif donné aux Tutsi de l'extérieur. Kayibanda menaçait d'exterminer les Tutsi de l'intérieur si les attaques des « Inyenzi » ne cessaient pas[17].

Partout on procède à des arrestations arbitraires. On convoque les Tutsis pour des interrogatoires.

---

[16] Inyenzi signifie littéralement cancrelats. A l'origine, les combattants se seraient donnés eux-mêmes ce nom. Dans la suite il fut introduit dans le discours extrémiste à partir des années 1961 et 1963. Le mot prit une connotation déshumanisante, il désignait les Tutsi en général comme des cancrelats à éliminer.

[17] Voir « Adresse du Président Kayibanda aux Rwandais émigrés ou refugiés à l'étranger », Kigali 11 mars 1963.

Une attaque avait eu lieu dans la nuit du 3 au 4 juillet 1962, dans la région des volcans. Cette attaque partait de Goma, au Congo. Une première attaque avait déjà eu lieu dans cette région le 21 décembre 1961 à partir de l'Ouganda. Ma famille habitait le nord, non loin des volcans où les deux attaques avaient été signalées.

Arrestations !

Entre temps, les paysans cultivent leurs champs comme d'habitude. Les plants de sorgho surgissent partout. Une petite pluie les arrose continuellement jusqu'à ce qu'ils deviennent mûrs.

La rumeur antitutsi circule. L'attaque de 1962 offrait à Kayibanda une occasion d'attiser la haine ethnique.

Un soir, ma mère est seule à la maison. Ce soir-là, mon père n'était pas encore rentré à la maison, il avait discuté avec des amis jusque tard dans la soirée.

Soudain, un homme qui prétend être un ami de mon père se présente à la maison. Il dit venir de Ruhengeri et être en route vers Gisenyi. Ma mère l'accueille avec suspicion, le soupçon règne partout. Elle prend la précaution d'aviser mon père de la présence à la maison de cet inconnu. Elle lui sert malgré tout à boire. Désaltéré, l'homme quitte la maison et poursuit son chemin.

Mon père ne tarda pas à rentrer et commença à discuter avec ma mère. Mon père connaissait très bien cet homme, mais resta perplexe sur le motif de cette visite nocturne.

Un élément troubla définitivement la paisible soirée autour du feu. Cela faisait quelques minutes que l'homme était parti, lorsqu'on découvrit un étrange objet qu'il avait laissé à la maison. L'objet était soigneusement emballé dans des feuilles de bananier, bien ficelées.

Une fois l'emballage déficelé apparut un objet métallique muni d'une poignée en bois. Il s'agissait d'un fusil d'assaut que l'homme avait abandonné chez nous. Mon père ne savait rien du maniement des armes. Par chance, mon cousin policier, Aimable était en congé.

Agent de la police nationale, Aimable portait un uniforme bleu avec une casquette qui ressemble à celle que portent normalement les pilotes de l'armée de l'air[18]. J'aimais le regarder pendant qu'il mettait son uniforme, surtout ses bottes.

Mon père le fit appeler et lui montra le fusil que personne n'avait osé déplacer de l'endroit où cet homme l'avait laissé.

Après délibération, une décision fut prise, il fallait s'en débarrasser avant que les autorités communales ne viennent faire des perquisitions. Quelqu'un avait sans doute aperçu cet inconnu. Non loin de chez moi, il y avait une grotte dissimulée dans un petit bois.

Mon cousin et mon père profitèrent de la nuit pour aller jeter le fusil dans la grotte. La vie continua normalement jusqu'au jour où un berger qui faisait paître son bétail près de la grotte feignit de découvrir le fusil.

Il alerta alors une foule de curieux et les autorités communales se rendirent sur les lieux. Quelques minutes après, mon père est arrêté et incarcéré au cachot de la commune. La situation devenait de plus en plus claire. L'homme qui avait laissé le fusil à la maison était de mèche avec les autorités communales.

Alors que mon père et mon cousin croyaient se débarrasser du fusil clandestinement, ils avaient été suivis

---

[18] Au début des années 1961, l'entrée à la police nationale était ouverte à tous les Rwandais, même aux Tutsi. Les recrutements étaient effectués par les commissaires belges. Aimable avait intégré l'école de police de Ruhengeri (Ecopolice), en 1961. Après 8 ans de service, il fut chassé de la police par le colonel Juvénal Habyarimana qui voulait une police et une armée nationales mono-ethniques.

jusqu'à la grotte. Le berger qui simula découvrir le fusil était lui aussi dans le coup.

Il fallait à tout prix accuser mon père d'appartenance au mouvement qualifié de subversif par le pouvoir en place. Un fusil dans la nature suffisait pour faire condamner mon père.

D'autres Tutsi rejoignirent mon père à la prison centrale de Ruhengeri. Tous étaient arrêtés pour le même motif d'appartenance supposée au mouvement des « Inyenzi ».

A Kinunu, dans le Kanage, plusieurs dizaines de Tutsi furent arrêtés dans les mêmes conditions et transportés au bord d'une camionnette vers la prison de Ruhengeri.

Arrivés aux environs du camp militaire de Bigogwe, ils furent fusillés, et les corps jetés dans les grottes de Kijote. Des arrestations similaires eurent lieu dans la ville de Gisenyi et ses environs. Tous, furent fusillés en cours de route, à Gataraga. La ville de Ruhengeri était à 8 km environ.

Mon père fut transféré à la prison de Ruhengeri.
La prison de Ruhengeri était divisée en 5 parties à savoir :
Le quartier des femmes à l'entrée, le quartier des prisonniers de droit commun, 14 cachots où les prisonniers condamnés à mort étaient logés, à l'intérieur.

Il y avait un autre bâtiment avec une plaque en béton armé au-dessus : 1.5 mètre de hauteur, 2 mètres de largeur, 3 mètres de longueur avec une porte métallique et un cadenas.

Le matin, mon père devait recevoir des coups de pieds dans les côtes et aux reins. Pour se protéger, il se pliait en deux et tenait fortement ses jambes qu'il exposait aux coups. Cela dura plusieurs semaines.

Mon père et les autres prisonniers logeaient dans une salle d'une longueur de vingt mètres et de dix mètres de largeur. Ils avaient des perchoirs où dormir sans matelas, les autres prisonniers étaient par terre.

On les réveillait vers 5 heures du matin pour la toilette. La nuit, ils faisaient leurs besoins dans un demi-fût. On leur donnait à manger à 8h30, c'était la pâte de manioc et des haricots plus ou moins cuits. Après, ils étaient enfermés jusqu'à 16 heures. Le repas du soir était lui aussi constitué de pâte et de haricots.

Il y avait des jeunes, des vieux de 80 ans et autres catégories. Pas de soins médicaux. Une fois par semaine, un infirmier passait, mais il ne faisait que les insulter.

Pour la garde, c'étaient des prisonniers de droit commun qui frappaient mon père et ses collègues. Un jour, on leur a emmené trois personnes soupçonnées d'être des combattants Inyenzi. Elles furent frappées à mort, deux sont mortes et n'ont pas été enterrées jusqu'à ce qu'elles se décomposent. Une autre était diabétique et est morte par manque de soins.

Cela faisait un peu plus d'un an que mes parents étaient mariés. Pour venir visiter mon père à la prison, ma mère devait faire 16 kilomètres à pieds. La dernière fois, elle a amené Claudette avec elle.

Voilà ce que mon père m'a dit et ce qu'il aurait aimé écrire à ma mère avant son transfert à la prison de Nyanza: mais il était difficile d'écrire une lettre!

Ruhengeri, 15.8.1962

Lors de ta dernière visite, j'ai vu tant de larmes tombées de tes yeux, tant de peine aussi. Moi, ton mari je sais que tu es forte, et que rien ne pourra t'ébranler.
Je t'écris avant d'être transféré à la prison de Nyanza, moi et mes camarades. Ce transfert est une étape vers la mort, je le sens dans ma peau.
Claudette, notre fille a besoin de toi, garde les forces pour toi et pour elle.

Je regrette tant de ne pas pouvoir vivre longtemps avec vous, mais je suis fier de toi, je sais que tu surmonteras toutes ces épreuves.
J'aurais souhaité te dire toutes ces choses dans les yeux et aussi te dire adieu.
Écoute, j'arrête là, prends soin de toi, et de Claudette, je pense à toi, tout le temps.

Au revoir

Dans la suite, mon père fut incarcéré à la prison de Nyanza pendant plusieurs mois sans avoir jamais été jugé. Vers la fin du mois de novembre, mon père et une vingtaine d'autres prisonniers furent relâchés. Ils regagnèrent leurs villages respectifs. Le retour de mon père n'était en rien réjouissant, il se murmurait une imminente exécution des Tutsi.

Pendant ce temps, au Bugesera

Le 21 décembre 1963, une attaque fut lancée sur le Bugesera à partir du Burundi. Après la défaite de cette attaque, plusieurs Tutsi furent arrêtés, des milliers d'autres exécutés sommairement.

La ville de Kigali fut la scène de plusieurs arrestations et de torture à l'encontre des Tutsi. A cette époque Kigali était une petite bourgade d'au moins six mille habitants.

Il y avait un grand boulevard qui partait de l'ancienne banque commerciale et débouchait à l'état-major de l'armée. Une autre avenue jouxtait le centre hospitalier de Kigali, une autre, appelée avenue de l'assemblée passait devant l'église Saint-Michel et l'ancienne école supérieure militaire (ESM).

Le quartier commercial de Kigali était constitué de quelques magasins tenus exclusivement par des Pakistanais, les noirs y étaient interdits.

L'ancien président Kayibanda occupait les bâtiments ayant servi jadis de bureaux aux différents Résidents, dont le colonel Guy Logiest. Sa résidence était l'ancienne maison du Résident située sur le boulevard central.

Les arrestations de Tutsi sont menées par les militaires belges, la police nationale, les préfets et les bourgmestres. A la tête, il y a le major Tulpin et son second Bonaventure Ubulijoro chefs de la sureté nationale.

Les préfets de Kigali, Kalinijabo Charles et Noel Mbonabaryi, le commissaire en chef, Mubirigi, le bourgmestre de Kiyovu Kabahizi et d'autres partisans du MDR se lancèrent à la chasse systématique des Tutsi dans Kigali.

Kayibanda et son gouvernement avaient été informés d'une probable attaque à partir du Burundi. Des rumeurs folles circulaient dans la capitale.

Lors de l'attaque du Bugesera, les ministres avaient quitté Kigali, la plupart s'étant repliés dans leurs régions d'origine. Les Belges et les autres expatriés s'étaient regroupés dans les locaux de l'Assemblée non loin du boulevard qui porte le même nom.

Pendant ce temps, la patrouille sillonne Kigali, l'armée et la police quadrillent la ville.

Le plus grand nombre de ceux qui ont été arrêtés avaient été rassemblées dans une grande cour devant la prison de Kigali. C'est là que se faisait le tri de ceux qui devaient soit rester dans la prison de Kigali, soit être transféré au Bugesera.

Des centaines de personnes sont chargées sans ménagement dans des camions de l'armée, le chargement est supervisé par un adjudant belge. Les camions les conduisirent dans le Bugesera et furent jetés dans le ravin, dit « Urwabayanga ».

Un mercredi après-midi, Monseigneur Perraudin vint visiter la prison de Kigali. Il dit aux prisonniers de ne pas avoir peur, car, la prison n'était qu'une demeure de transition, qu'ils rentreraient à la maison.

Simple coïncidence ! Le samedi qui suivit la visite de Perraudin, il y eut plusieurs convois de Tutsi qui prirent la direction de Ruhengeri. Tous furent tués à la prison centrale. Parmi les victimes, il y avait Kavutse, Ruzindana et Muhikira.

Que s'est-il passé à Kigali ?

Le jour de l'attaque du 21 décembre 1963, un groupe de politiciens dont Rwagasana du parti UNAR étaient en train de discuter devant la banque commerciale, sur le boulevard central.

Ils furent arrêtés, avec d'autres leaders des partis UNAR et RADER dont Rutsindintwarane, Bwanakweli et Ndazaro. Incarcérés au camp militaire de Kigali, ils furent embarqués pendant la nuit vers la prison centrale de Ruhengeri.

L'exécution des prisonniers eut lieu dans la nuit du 22 au 23 décembre 1963. Après l'exécution, les corps furent jetés dans les grottes de la colline de Nyamagumba. D'autres corps furent à peine enfouis dans le sol. Les chiens allaient de temps en temps les déterrer.

Entre 1961 et 1963, un cycle de violence s'était abattu sur le pays. Les régions les plus atteintes furent Kigali, Bugesera, Gikongoro, Kibuye, Kibungo, Gitarama, Ruhengeri et Gisenyi.

L'ancien président, Kayibanda envoya un ministre dans chaque préfecture pour inciter à la haine contre les Tutsi. L'action punitive fut organisée dans toutes les préfectures. « Les actions de la police communale et des miliciens sont coordonnées. Il s'agissait avant tout d'égorger tous les Tutsi, et puis de terminer le travail par l'incendie des maisons et le pillage des biens »[19]. Entre décembre 1963 et janvier 1964, plus de dix mille Tutsi furent effroyablement massacrés et parmi les victimes, pour la première fois, des femmes et des enfants furent tués.

A cette époque, le philosophe Bertrand Russell a qualifié de génocide les massacres perpétrés contre les Tutsi en 1963, et les a dénoncés comme « le massacre d'hommes le plus horrible et le plus systématique auquel il ait été donné d'assister depuis l'extermination des Juifs par les nazis en Europe »[20].

De même, ce massacre fut dénoncé par Denis-Gilles Vuillemin, un enseignant suisse au groupe scolaire de Butare. Il qualifia de génocidaire, le gouvernement de Kayibanda et démissionna de ses fonctions d'enseignant. Radio Vatican condamnait le massacre des Tutsi qu'elle qualifiait également de génocide.

Après 1963, mon père avait l'ordre de ne pas quitter le village et de se tenir prêt pour une éventuelle arrestation. Au moins 2 fois par semaine, un agent de la police communale venait à la maison pour arrêter mon père, le conduisait au cachot où il passait la nuit puis il rentrait chez nous le lendemain. Parfois, l'ordre d'arrestation venait des policiers eux-mêmes qui le faisaient à leur gré.

Mes parents subissaient cette situation d'injustice sans rien dire. Ils vivaient dans la frustration et dans la persécution la plus violente qui soit.

---

[19] Josias Semujanga, *Récits fondateurs du drame rwandais*, L'Harmattan, Paris 1998, 177.
[20] Citation reprise dans J-P Chretien et M. Kabanda, *Rwanda-Racisme et genocide. L'idéologie hamitique*, Belin, 2013, p. 148.

Le feu et le sang

Mars 1973

> « Mais comment terroriser une foule déterminée par le désespoir, se trouvant au-delà du seuil de la mort ? »
>
> Jorge Semprun[21]

La vie à la campagne est faite de petites joies, notamment la saison des moissons. Déjà dès février, le paysage champêtre se colore d'un immense tapis vert de tiges de maïs dont le sort se jouera dans les prochains mois.

La récolte du maïs sec ne se fera que lorsque les gens auront fini de se régaler de cette graine tendre et appétissante, les uns et les autres rivalisant de gourmandise selon la robustesse de leur mâchoire.

Malheureusement, cet état de nature sera encore entaché de sang, des massacres et des incendies seront commis sur toute l'étendue du territoire rwandais.

Kayibanda avait justifié les massacres perpétrés contre les Tutsis entre 1961 et 1968 par les attaques des « Inyenzi ». Or, après 1968, ces attaques avaient cessé. Il fallait inventer quelque chose pour justifier les massacres de Tutsi en 1973.

L'insécurité au Burundi en 1972 servit de prétexte à Kayibanda et aux extrémistes pour provoquer des troubles dans le pays. Depuis quelques mois, Radio Rwanda

---

[21] Jorge Semprun, *L'écriture ou la vie*, Gallimard, Paris 1994, p. 19.

diffusait fréquemment des communiqués insultant l'État burundais, qualifiant la radio burundaise de « gourde », « igicuma ». On parlait de massacres au Burundi et Kayibanda voulait à son tour les étendre au Rwanda.

Fin 1972, début 1973, il y eut des émeutes dans les écoles.

Avec des mégaphones, les étudiants hutu descendent dans les rues et crient partout que les Tutsi doivent quitter les écoles.

Des scènes pareilles ont été observées dans la ville de Butare, siège de l'Université Nationale du Rwanda, et à Kigali. Des listes de Tutsi sont collées sur les murs des écoles et sur les portes d'entrée des immeubles administratifs.

Lors d'un conseil des ministres qui s'est tenu à Kigali, en mars 1973, Kayibanda avait annoncé que la question Hutu-Tutsi devait se terminer une fois pour toutes. Alors, il demanda à chaque ministre de se prononcer là-dessus et de proposer une solution.

André Sebatware, originaire de Ruhengeri et ministre de l'Intérieur prit la parole et déclara qu'il lui suffirait d'environ trois mille militaires, trois nuits et trois jours pour terminer « le travail ».

D'autres, comme Gaspard Harerimana et Pierre Damien Nkezabera, respectivement ministre de l'Éducation nationale et ministre de l'Agriculture manifestèrent leurs réticences. En effet, disaient-ils, l'enseignement était assuré en majorité par des Tutsi. Leur massacre reviendrait à priver les enfants hutu de l'enseignement. De même, la majorité des agronomes étaient des Tutsi, le pays avait besoin d'eux pour nourrir la population rwandaise.

Le colonel Juvénal Habyarimana, ministre de la Garde Nationale et de la Police dit qu'il ne comprenait pas comment une poignée de Tutsi ne dépassant pas deux cent mille en tout pouvait requérir l'intervention de l'armée.

Il fallait, selon lui, utiliser la population, la police communale, les préfets, les bourgmestres, les conseillers et les « Abarwanashyaka », les partisans du Parmehutu.

Le capitaine André Bizimana, un proche de Kayibanda, secrétaire d'État aux sports, proposa des rafles, et le massacre sur toute l'étendue du territoire. Kayibanda venait ainsi de décider le massacre des Tutsi.

A la sortie du conseil des ministres, Gaspard Hererimana s'entretint avec Adrien Seruvumba et deux autres personnes, tous des Tutsi. Il les trouva aux abords du terrain de football de Mumena, à Nyamirambo[22]. Il leur dit que le conseil des ministres venait de décider l'élimination systématique des Tutsi.

Deux jours après, il y eut effectivement des rafles dans Kigali et ailleurs dans toutes les régions du pays.
Des milliers de Tutsi quittent le Rwanda et se réfugient dans les pays voisins.
Au début du mois de mars, les troubles arrivèrent chez moi, dans la région de Ruhengeri.

Cette nuit-là

Un vendredi soir, ça devait être le 3 mars 1973, alors qu'il était environ vingt heures, des flammes commencèrent à illuminer le ciel de Rwankeri, le village de ma mère. Mes grands-parents, mes oncles et mes tantes y habitaient toujours.

Plus de 5 familles tutsi se regroupèrent chez moi, et montèrent la garde toute la nuit. Heureusement, les

---

[22] Le témoin de cet épisode, Adrien Seruvumba a été arrêté lors des rafles organisées par le commandant Aloys Simba dans la ville de Kigali et conduit à Maranyundo dans le Bugesera. Lorsqu'il fut relâché, il a fui au Burundi en passant par Goma et Bukavu. Après 1994, il est rentré au Rwanda et vit à Kigali.

incendies n'arrivèrent pas chez moi cette nuit-là. Mais l'espoir fut de courte durée.

Le lendemain, c'était un samedi, mon père se rendit au centre de négoce de Byangabo. Il était en quête de nouvelles, il se demandait ce qui allait se passer dans les heures à venir. Là, il rencontra Matthias, un ami hutu, qui lui raconta ce qui s'était passé la nuit précédente : les maisons avaient été brûlées, le bétail égorgé, les biens pillés.

Comme le mouvement allait s'étendre dans la région, il lui souffla l'idée de chercher refuge chez les missionnaires Pères Blancs de Busogo. Les missionnaires tenaient une paroisse catholique et étaient tous européens. La population locale respectait les blancs, aussi les réfugiés pensaient-ils être à l'abri.

Aux environs de quinze heures, ma sœur et moi allâmes cueillir du maïs comme d'habitude.

Nous venions juste d'arracher quelques épis lorsque notre cousin, Twahirwa fit irruption et nous dit de rentrer vite. Il vociférait « ils vont nous tuer », « *bagiye kutwica* ».

On crut d'abord qu'il voulait s'amuser comme il aimait le faire avec nous. Etant plus âgé que nous, il nous avait souvent protégés à l'école contre des méchants garçons qui voulaient nous frapper pour la simple raison qu'on était tutsi.

Il prit donc nos paniers de maïs et, nous devant, nous avons détalé à toutes jambes, sentant le danger s'approcher. Lorsque nous arrivâmes à la maison, tout le monde était prêt pour le départ.

Dans la rue, même ma vieille grand-mère avait pris position. Mon père emporta sa lance et son épée, les seules armes capables de nous protéger. Il les avait héritées de son vieux père que nous n'avons pas connu.

Femmes, enfants, personnes âgées au milieu, devant et derrière des hommes, la caravane prit le chemin de l'exil.

On partait vers l'inconnu. C'était tout de même plus réconfortant de mourir avec les autres, plutôt que d'être massacrés à la maison.

Un voisin hutu, Joël, armé d'une lance décida d'accompagner ma famille et se mit en tête de file. Sa présence dissuada ceux-là même qui nous attendaient en cours de route.

Nous fûmes parmi les premiers à nous réfugier à la paroisse de Busogo. Mais, déjà, une famille qui avait fui les massacres à Kigali était bien installée dans la salle d'accueil des missionnaires. Ces derniers délibérèrent sur notre sort : fallait-il nous laisser entrer ou tout simplement nous refouler ?

Ils prirent la décision de nous garder, la mission fut un lieu d'accueil pour tous les réfugiés. Aux enfants, les missionnaires donnèrent du thé et du pain. Cela suffisait déjà pour nous sentir mieux.

Dans le quart d'heure qui suivit notre arrivée, plus de mille réfugiés arrivèrent à Busogo. La maison des missionnaires était trop petite pour accueillir tout le monde. Cette foule fut regroupée dans une cour intérieure du couvent des Sœurs.

On aurait pensé à une fourmilière, tellement il y avait du monde. Les réfugiés commencèrent à s'organiser. Les femmes et les enfants occupèrent les salles tandis que les hommes dormirent à la belle étoile.

Au milieu de la nuit, des pierres commencèrent à pleuvoir sur le couvent des religieuses. Des tueurs essayèrent de sauter le mur pour pénétrer dans l'enceinte où s'amassaient les réfugiés.

Le père Douillard qui montait la garde tira quelques coups en l'air avec son fusil de chasse. Quelques coups encore réussirent à contenir les tueurs pendant des heures.

Pendant que le sommeil commençait à s'abattre sur les plus petits, on entendit dans le corridor des pas de bottes qui se suivaient à un rythme très régulier. Il s'agissait des militaires qui venaient de la garnison de Ruhengeri. Une peur de mort s'installa partout, tout le monde croyait que les soldats venaient tuer les réfugiés. Mais un des militaires, certainement leur chef, annonça qu'ils venaient nous protéger contre les massacres.

Les militaires s'installèrent à Busogo pendant plus de trois mois. Les réfugiés quittèrent alors le couvent des Sœurs pour s'installer confortablement dans l'église paroissiale. Il y avait assez d'espace, chacun avait une couverture, « rufuku » en kinyarwanda, et on dormait à même le ciment.

On se nourrissait chaque jour de haricots et de riz mal cuits. Je ne me souviens plus sur quoi on mangeait et s'il y avait assez d'eau pour boire. Très tôt le matin, il fallait dégager l'église, tout nettoyer pour permettre aux pratiquants Hutu de prier.

Parmi eux, il y avait ceux qui nous lançaient des pierres, ceux qui brûlaient des maisons de Tutsis à Busogo à peine sortis de l'église. Ils chantaient et priaient comme avant. Dieu les écoutait-il, exauçait-il leurs prières ! Nous, nous souffrions, c'est tout.

Quelques mois après, le ministre Pierre-Damien Nkezabera vint aa Busogo. Il demanda aux réfugiés de rentrer chez eux puisque le pays était pacifié.

Je me souviendrai toujours du militaire qui accompagnait le ministre ce jour-là. Teint clair, très grand, il inspirait respect. Plus tard j'ai su qu'il s'agissait du commandant Emimaque Ruhashya, celui-là même qui nous avait sauvé la vie. Il avait envoyé des soldats pour sécuriser les lieux.

Le jour arriva où tout le monde devait regagner son domicile. Un état de désolation nous y attendait. Les portes et les fenêtres avaient été arrachées et les biens avaient été pillés.

Je garde en mémoire l'image de notre chien, qui se tenait là accroupi devant notre maison, gardant fidèlement ce qui restait comme demeure. Un sentiment de culpabilité nous envahit, nous l'avions abandonné, seul au milieu des tueurs.

La famille s'installa dans les décombres et entreprit de reconstruire petit à petit la maison et de reprendre la « vie normale ».

A Kigali

A Kigali, le major Simba et les autres hauts gradés supervisaient les arrestations de Tutsi. Depuis le grand rond-point de Kigali, en passant par « péage », et plus loin au Kanogo et Rwandex, il y avait une file interminable de militaires, le long de la route.

Les militaires laissaient les véhicules circuler, pour les intercepter au niveau de Rwandex. Les Tutsi étaient arrêtés et conduits à la prison de Kigali. On a pu dénombrer plus de dix mille personnes dans la cour extérieure de la prison.

Là, des hommes et des femmes étaient triés, certains d'entre eux, furent chargés sur des camions de l'armée, et conduits à Maranyundo dans le Bugesera.

Chaque personne arrêtée devait avoir une fiche comportant les empreintes digitales des deux mains. Ensuite, la personne était photographiée en tenant en main une pancarte portant la mention : « élément dangereux ». La fiche était ensuite archivée à la sureté nationale. A Maranyundo, plusieurs personnes sont mortes de faim et de soif.

Ceux qui ont survécu aux arrestations étaient avertis qu'ils ne survivraient pas à la dernière rafle, dont ils ignoraient le moment. La plupart ont quitté le Rwanda et furent accueillis par le Haut-commissariat au Burundi ou au Congo.

Mais, selon les témoins, il était difficile de quitter le Rwanda. Plusieurs personnes quittèrent le Rwanda en se dissimulant au milieu des caisses de bière. Elles étaient transportées dans des camions qui allaient se ravitailler à Gisenyi près de Goma. Ceux qui parvenaient à traverser la frontière étaient ensuite accueillis à Goma par des bénévoles.

A partir de Goma, les réfugiés prenaient le bateau Kalisimbi, qui naviguait vers Bukavu. En chemin, il prenait ceux qui avaient fui Kibuye, regroupés à l'ile Idjwi. Le bateau continuait vers Bukavu. Après Bukavu ils arrivaient à Uvira et au Burundi.

Le massacre des Tutsi, en 1973, fut une décision de Kayibanda et de son gouvernement. Habyarimana était ministre de la Garde Nationale et de la Police dans ce gouvernement. Quatre mois plus tard, le 5 juillet 1973, Kayibanda fut renversé par Juvénal Habyarimana[23].

Après le coup d'État, comme par une baguette magique, Habyarimana mit fin aux massacres et aux pillages.

Le coup d'État du 5 juillet 1973, fut dans la continuité de la politique extrémiste et ethniste de Kayibanda. Le système des quotas dans les écoles et dans l'emploi fut complété par la politique d'équilibre ethnique.

Les Tutsi continuent à être exclus dans les hautes fonctions du pays, aucun préfet ni bourgmestre tutsi dans l'administration, seulement 2 députés, 2 ministres et un seul officier supérieur Tutsi dans l'armée.

Les réfugiés tutsi étaient bannis du territoire national, et tout contact avec eux était qualifié de crime et punissable d'emprisonnement.

---

[23] Kayibanda fut arrêté et jugé. Condamné à mort par arrêté présidentiel No 0001/74/CM de la cour martiale en son audience du 29 juin 1974, la peine de mort fut commuée en celle de la réclusion à perpétuité par arrêté présidentiel No 141/04 du 19/07/1974.

En 1975, Habyarimana créa le Mouvement Révolutionnaire National pour le Développement (MRND). Un système de parti unique rigide est institué. Selon l'idéologie du MRND, tout Rwandais naît avec les couleurs du MRND.

Le 20 décembre 1978, Habyarimana promulgua une nouvelle Constitution, suivie des élections où il est candidat unique. Cette Constitution adopte les principes divisionnistes identiques à ceux que l'on retrouve dans la Constitution du Mdr-Parmehutu adoptée le 24 novembre 1962.

Pendant ce temps, la corruption gangrenait tous les secteurs vitaux du pays, tant publics que privés. C'est dans ce climat qu'en 1980 des tracts furent éparpillés dans Kigali[24]. Il y eut ensuite l'arrestation du colonel Lizinde accusé d'avoir tenté un coup d'État contre le président Habyarimana[25].

En 1983, Habyarimana s'est fait élire une seconde fois obtenant 99,98 % des voix.

Le temps ne fait que consolider le pouvoir entre les mains d'un seul homme et de son entourage. En effet, le pouvoir reposait sur les grandes familles issues du nord. Un noyau dur constituait ce qu'on a appelé « Akazu ».

Le nord devint la plaque tournante de la vie politique du pays. La nomination à des fonctions politiques passait par des personnalités influentes, dont Agathe Kanziga, épouse du président Juvénal Habyarimana, dont son beau-frère, Protais Zigiranyirazo, semblait être l'épicentre.

---

[24] Mars-mai 1980, on parle de (4) tracts dans Kigali qui accusent de corruption un groupe d'officiers proches de Habyarimana : les colonels Serubuga, Buregeya, et Rwagafirita. Les trois militaires seront à la tête de la planification du génocide perpétré contre les Tutsi.
[25] Sur le procès de Lizinde, voir IMVAHO No 591 du 14 juillet 1985.

Dès 1987, le Rwanda connait une crise économique sans précédent. La famine a frappé diverses préfectures, notamment Gikongoro, Butare et Kibuye[26].

Les réfugiés

Les réfugiés tutsi étaient bannis du territoire national, et tout contact avec eux était qualifié de crime et punissable d'emprisonnement.

En 1982, le président ougandais, Milton Obote, a expulsé les réfugiés tutsi qui se trouvaient sur le sol ougandais depuis 1959. Ils ont été renvoyés sans ménagement vers le Rwanda. Arrivés au Rwanda, Habyarimana leur nia la nationalité rwandaise. Il prétendait que tous étaient Ougandais, et devaient par conséquent quitter le territoire rwandais.

Pour le régime politique de Habyarimana, la question des réfugiés n'était pas à l'ordre du jour. Il disait que les réfugiés tutsi ne pouvaient pas retourner au Rwanda puisque le pays était petit[27]. Ils devaient rester à l'étranger.

De la même manière, le comité central du MRND, expliquait que le Rwanda ne pourrait pas nourrir les réfugiés s'ils rentraient massivement au Rwanda.

Habyarimana réaffirma son opposition au retour des réfugiés en 1988 lors de son voyage en Ouganda.

Une réunion du comité interministériel entre le Rwanda et l'Ouganda sur la question des réfugiés, s'est tenue en 1989, mais sans aucun résultat concret.

---

[26]*Rapport sur les droits de l'homme au Rwanda. Septembre 1991-Septembre 1992*, A.D.L, Kigali, décembre 1992, p. 27.
[27] Interview de Juvénal Habyarimana Courrier ACP-CEE, no 72, mars-avril 1982, p. 16, cité par A. Mugesera, *Les conditions de vie des Tutsi au Rwanda de 1959 à 1990*, op. cit., p. 97.

Les réfugiés ne pouvaient pas rentrer massivement au Rwanda, ils étaient obligés de rester réfugiés. Leurs biens avaient été déjà confisqués.

Habyarimana a renforcé pendant les années de son pouvoir les divisions ethniques et régionales, les Tutsi étant les premiers à en subir les conséquences.

Kayibanda avait décrété la confiscation officielle de tous les biens des réfugiés. Dans certains cas, la confiscation concernait aussi les biens des Tutsi de l'intérieur. Le gouvernement était opposé à leur restitution.

Kigali, le 24 Aout 1970
No 319/I.I.I./I.2.3.

A Monsieur le Secrétaire d'État à la Fonction Publique

Monsieur le Secrétaire,
J'ai l'honneur de me référer à votre lettre No 1623/S.E/F.P/RA du 21 Juillet 1970 concernant les maisons de l'État achetées par Messieurs KAMALI Olivier et MUBILIGI Paulin alors que Monsieur KAMALI Olivier était poursuivi par les services de la sécurité accusé de complicité avec les troupes de bandits « INYENZI » venant de l'extérieur pour déstabiliser le pays.
Nous portons à votre connaissance que ces maisons restent le patrimoine de l'État jusqu'à nouvel ordre.

Le ministre de la Garde Nationale
et de la Police
Le Colonel Habyarimana

Habyarimana a renforcé pendant les années de son pouvoir les divisions ethniques et régionales, les Tutsi étant les premiers à en subir les conséquences.

A la criminologie !
Janvier 1990

La ville de Ruhengeri est traversée par une route principale qui relie Kigali et Gisenyi. De nombreux camions chargés de caisses de bière et de sacs de pommes de terre s'entrecroisent dans le centre-ville de Ruhengeri.

Le gros commerce est principalement tenu par des Pakistanais ou Arabes. Ils vivent presque dans des ghettos. Ils ont peu de contacts avec la population locale.

Leur vie est entourée d'un grand mystère. Ils ont un cimetière privé, le seul du genre dans la ville de Ruhengeri. Certains se font même incinérer dans la ville voisine de Gisenyi. La cendre est ensuite éparpillée dans les eaux du lac Kivu.

Le marché de Ruhengeri grouille de gens qui viennent faire des achats. On y vend des pommes de terre, des fruits et autres produits locaux.

Le plan de ville est simple : tous les édifices ont été construits le long de la route. De chaque côté de la route, il y a pêle-mêle des bâtiments administratifs, le tribunal, l'hôpital, les camps militaires et l'hôtel Muhabura. Derrière l'hôtel s'étend l'aérodrome, une piste couverte de gazon qui disparaît dans une immense bananeraie.

Mais, la ville de Ruhengeri ne serait pas ce qu'elle est si l'on ne mentionnait pas le quartier populaire « Ibereshi», originairement « camp belge ». Là, les musulmans y ont construit une petite mosquée.

De petits bistrots mal entretenus attirent beaucoup de clients. Les gens marchent et causent dans les rues jusque tard dans la nuit. Les trottoirs sont encombrés de débris divers. C'est le quartier d'Eugénie, une cousine.

Elle est étudiante à la Faculté des Lettres de Nyakinama. N'étant pas boursière du gouvernement, elle loge chez ses parents. Le matin, elle prend la navette pour se rendre à l'Université, le soir elle rentre chez elle.

Eugénie est membre du mouvement des guides, une branche féminine du scoutisme. De temps en temps, son groupe fait des excursions à l'intérieur et à l'extérieur du pays.

C'est le matin. Eugénie n'a pas cours. Elle et ses amis scouts doivent se rendre à Gisoro, une bourgade ougandaise située à moins de quinze kilomètres de la ville de Ruhengeri.

Le car prend la direction de Cyanika, vers la frontière. La route est bonne. Elle a été goudronnée il n'y a pas longtemps. Des deux côtés de la route, le paysage est pittoresque. Le volcan Muhabura apparaît dans son énormité. De loin, on aperçoit les lacs Ruhondo et Bulera.

Vers dix heures, le car franchit la frontière ougandaise. L'accueil est chaleureux. Les étudiants ougandais sont ravis d'accueillir leurs amis rwandais. D'autres jeunes sont venus de Mwanza en Tanzanie et de Mbarara.

L'ambiance est très bonne. On discute et on chante. La petite ville de Gisoro est transformée par cette masse de jeunes. Ils sont environ trois mille. A midi, les restaurants sont pris d'assaut. Ils boivent du soda et se régalent de quelques plats de bananes vertes, une spécialité du coin.

La journée s'est clôturée vers 16 heures. Eugénie est là dans la grande salle où se tient la rencontre. Elle tourne la tête et aperçoit, à sa gauche, un homme assis à deux mètres. Leurs regards se croisent. L'homme, âgé probablement d'une trentaine d'années la salue en kinyarwanda.

A la fin de la conférence, Eugénie s'entretient quelques minutes avec son interlocuteur ougandais. Il lui dit que sa famille a été chassée du Rwanda en cinquante-neuf. A présent, il vit en Ouganda avec les siens.

Il est militaire dans l'armée ougandaise. Eugénie n'en revient pas. Elle croit rêver. La discussion se poursuit. L'homme lui dit qu'il est temps que le Rwanda change sa position à l'égard des réfugiés.

Il faut que les Rwandais se souviennent qu'il y a des milliers d'autres compatriotes rwandais qui vivent à l'extérieur du pays. « Ouvrez les yeux », lui dit-il. Ils se saluent et Eugénie regagne son groupe.

Le retour au Rwanda se fait sans incident. Tout le monde est très content de cette sortie. Le car dépose Eugénie chez elle. Il est presque vingt heures lorsqu'elle rentre chez elle.

Elle vit avec son vieux père, un frère et une soeur. Pendant le dîner, elle raconte la journée qu'elle venait de passer à Gisoro.

Elle raconte tout sauf sa discussion avec le militaire ougandais. Une grande peur se lit sur son visage. « Pourvu que personne n'ait suivi notre conversation », se dit-elle. Après, elle se couche mais elle n'arrive pas à s'endormir. Elle croit que c'est peut-être à cause de la fatigue.

Le lendemain elle se rend à l'université comme d'habitude. Elle a cours toute la journée. La vie continue normalement au campus.

Vers dix heures, une petite voiture Suzuki blanche se poste à l'entrée du campus. Il y a à son bord un militaire, responsable du renseignement dans la ville de Ruhengeri. On le surnomme, « Dictionnaire », tellement il est petit et bombé qu'on se croirait être en face d'un ballon mouvant.

Le vacarme s'installe au campus. L'homme a l'air grave. Il va tout droit au bureau du secrétariat général de l'Université. Il revient vers les salles de classe. Il vient arrêter Eugénie et tous les Tutsi qui se sont rendus à Gisoro.

Pendant ce temps, Eugénie était en train de passer un examen de Léon Mugesera. Ce dernier surveillait l'examen.

Soudain, on interpelle Eugénie. Avec dégoût, Mugesera lui dit : « C'est toi l'Inyenzi, la traître que recherche le service des renseignements ? Qu'attends-tu pour sortir ? ».

Eugénie rend la copie et sort. Elle se retrouve nez à nez avec Monsieur « Dictionnaire ».

Les étudiants sont embarqués dans deux voitures. Ils prennent la direction de Ruhengeri. Ils sont interrogés par Monsieur Dictionnaire. L'interrogatoire est très musclé.

Le bureau du préfet est au premier étage. Il est là et suit l'interrogatoire. Son regard est perçant. Les jeunes tremblent.

La première question étonne tout le monde : « Toi Eugénie, tu as dit que tu ne peux pas coucher avec un Hutu ? » lui lance le militaire.

A peine avait-elle ouvert la bouche que le commandant lui dit de se taire. « On sait qui tu as rencontré en Ouganda », lui cracha-t-il. « Dis-nous le contenu de la conversation que tu as eue avec le Général tutsi Fred Rwigema. Un silence glacial s'installa dans la salle. Tout le monde nia. Le climat devint très lourd.

Il est déjà dix-sept heures. Tous les fonctionnaires de la préfecture sont partis. Le vieux papa d'Eugénie ne sait pas que sa fille a été arrêtée. Des bruits circulent déjà sur l'arrestation d'un groupe d'étudiants de Nyakinama.

A l'origine de l'arrestation des étudiants, un rapport transmis par un étudiant qui avait fait le voyage avec eux à Gisoro. Il travaillait pour le service des renseignements. Tout le monde l'ignorait.

Le commandant continua l'interrogatoire jusque tard dans la soirée. Il n'obtint aucun aveu. Il décida alors de les transférer à Kigali au service central des renseignements. Cagoulés, on les fit monter dans un véhicule. Il est déjà vingt heures. Au bout de trois heures, ils arrivent à Kigali.

On les fait descendre de la voiture. Ils sont poussés violemment à l'intérieur des bureaux du Service central des renseignements. L'immeuble se trouve en face du siège de la Banque commerciale. La Maison de « Radio Rwanda » n'est pas loin. Les bureaux de la présidence ne sont qu'à dix mètres.

Tout peut arriver dans ces locaux de torture. L'immense salle des interrogatoires fait peur. Les murs sont tâchés de sang. Une lumière jaune éclaire à peine la salle.

L'homme qui mène l'interrogatoire est grand, les yeux rougis par la haine ne quittent pas les suspects. « La tête contre le mur, tous ! », explose-t-il.

Cela fait plus de douze heures qu'ils sont en détention. La faim et la peur s'en mêlent. Le pire doit encore arriver. Plusieurs idées passent dans leurs têtes. « Si nous avouons, peut-être que nous serons relâchés », dit l'un.

Un autre chuchote : « Ils vont nous tuer, nous et nos parents ». Une fille éclate en sanglots : « Je ne veux pas mourir ». Tout à coup, quatre soldats entrent dans la grande salle. Ils menacent les filles : « Nous allons vous violer ! ».

Une fille qui était à bout de nerfs s'écrie : « Nous préférons être violées par ces étudiants ». Comme des chiens enragés, les soldats leur lancent toutes sortes d'injures. « Putains, allez-vous-en avec vos sexes pourris ».

Les coups de pieds partent dans tous les sens. Les garçons sont battus comme des bêtes. Ils n'ont plus la force de crier. Ils émettent des râles affreux.

Le sang coule sur le sol. De même, les filles sont déshabillées, leurs slips déposés par terre. Un soldat quitte la grande salle et se rend dans une plus petite à deux mètres de là.

Il revient avec une bouteille d'un litre d'eau. Il verse tout le contenu sur le pavement cimenté de la grande salle. Une à une, les filles reçoivent l'ordre de s'asseoir dans ce liquide.

Les parties intimes sont inondées. Tout chatouille et fait mal. Soudain, les chatouillements se transforment en brûlures. Le liquide en question est un acide corrosif. Elles essayent de se débattre mais les militaires les maintiennent dans la même position.

Il est déjà minuit et la torture continue. Les garçons sont réduits en lambeaux de chair. Ils sont à bout de souffle.

Vers une heure, le Directeur de l'Immigration fait irruption dans la salle. « Qui sont ces gens ? » demande-t-il ? « Ce sont des complices de l'ennemi » dit un militaire. Ils ont eu des contacts avec les « inyenzi ». Un étudiant s'écria, « Gituza » ! Ce haut responsable avait fréquenté la même faculté des lettres, les étudiants le connaissaient bien. De son vrai nom, Nzitonda, il était très gentil.

Assis derrière son bureau, il examine le dossier. De temps en temps, il fronce les sourcils. Le dossier est presque vide. Les preuves manquent. Il n'y a que des soupçons.

« Laissez-les partir. - D'accord chef » répond l'homme qui les avait torturés auparavant.

Avant de les relâcher, il leur dit : « Partez, mais je me vengerai ». Eugénie et ses amis sont soulagés. Ils soupirent profondément. Il est deux heures du matin lorsqu'ils franchissent le portail du bureau du Service central des renseignements.

Tout Kigali est plongé dans une nuit profonde. Seuls quelques chiens rôdent aux environs des poubelles puantes. Eugénie et ses amis marchent dans les rues désertes du quartier de la radio.

Ils descendent le long du boulevard du cinq juillet. Ils arrivent au carrefour situé en face du magasin Lavenet, s'engagent dans la rue Cyahafi qui débouche sur la route de Nyamirambo.

Il n'y a personne sur cette route. A cette heure, aucun taxi ne circule dans Kigali. Ils foncent vers le quartier populaire de Nyamirambo. La voix du muezzin retentit du minaret de la mosquée de Biryogo. C'est l'heure de la prière pour les musulmans.

Eugénie envisageait d'aller passer quelques heures chez sa soeur qui habite près du stade de Nyamirambo. Le mont Kigali s'élève majestueusement devant eux. Machinalement, ils frappent à la porte, mais rien ne bouge. Un chien sort ses canines.

Toutes les cinq minutes, ils frappent à la porte sans succès. Ils restent là jusqu'au matin. Après, ils entrent dans la maison et s'endorment à leur tour.

La guerre
Octobre 1990

Tout semble calme. Les gens vaquent à leurs occupations et rentrent chez eux le soir comme d'habitude. Les fonctionnaires qui sortent des bureaux s'arrêtent au bar le plus proche pour déguster une bière.

Cela fait du bien, après une longue journée de travail. Les causeries de cabarets ne tournent plus autour des matchs de foot.

D'habitude, les citadins aiment le foot. Malgré la rencontre qui a opposé dimanche dernier, Kiyovu FC et Wagadi de Somalie, les gens préfèrent parler de la guerre. Les rumeurs qui circulent parlent d'une éventuelle attaque du Rwanda.

Depuis la mi-septembre, les gens parlent publiquement de la guerre. Les réfugiés rwandais vivant dans les pays voisins réclamaient depuis longtemps, le droit de rentrer au Rwanda. « Le pays est trop petit » répondait toujours le gouvernement rwandais. Les gens ont peur.

Cela fait huit mois qu'Eugénie et les autres étudiants avaient été libérés. Malgré les bruits qui circulaient sur eux, ils avaient réintégré l'Université.

A la faculté des Lettres, le climat entre étudiants tutsi et hutu est assez tendu. Les Hutu évitent les Tutsi. Le week-end, il est devenu rare de trouver les étudiants hutu et tutsi ensemble dans la ville de Ruhengeri. La suspicion règne partout.

Pendant ce temps, trois étudiants scouts, un Allemand et deux Belges devaient venir passer quelques jours au Rwanda. Les scouts de Nyakinama vont les recevoir. Eugénie est du nombre.

Tout Kigali est engloutie dans le noir. L'éclairage public manque sur certains axes. Leur avion se pose à Kigali à 18 heures 45.

L'équipe passe une nuit paisible dans la capitale rwandaise.

Avant de se mettre au lit, ils ont discuté du programme. Le lendemain, ils ont prévu d'aller visiter le parc Akagera, dans la partie Est du Rwanda.

A cinq heures du matin, la gare routière de Kigali grouille de passagers. Une vague de chaleur envahit le balcon, ainsi que les passagers installés dans les minibus. Un soleil de plomb brille sur Kigali.

L'asphalte qui couvre le sol de la station fond sous les pieds. Les vendeurs de journaux et de cassettes musicales ont installé les tables devant le restaurant de la gare. Les petits voyous « mayibobo » invitent les gens à monter dans les minibus déjà bondés.

Une heure plus tard, le minibus arrive à Kabarondo. La route est en très mauvais état. Au bout d'une heure, ils atteignent les environs du parc. On aperçoit quelques gazelles alertées par le bruit du moteur.

Soudain surgit une patrouille de militaires. Ils procèdent au contrôle des pièces d'identité. Contrôle de routine, disent-ils. Le poste frontalier de Kagitumba est à dix kilomètres. De l'autre côté de la frontière, c'est l'Ouganda. L'excursion se passe plutôt dans de bonnes conditions.

Il est déjà dix-neuf heures. Eugénie et ses amis sont sur le chemin du retour vers Kigali. En cours de route, ils décident de passer la nuit à l'hôtel Dereva, à Rwamagana.

La soirée est paisible. Ils mangent quelques brochettes de chèvre garnies. Le tout est assaisonné, on sent le piment qui fait tousser les trois étrangers.

La sensation de brûlure donne l'envie de se rafraîchir le palais avec de la bière fraîche. Ce rituel dure jusque tard dans la nuit. Le lendemain, ils arrivent à Kigali.

Les jours passent. Il ne leur reste qu'une semaine pour visiter d'autres régions. Vers sept heures du matin, ils sont déjà dans le minibus qui va à Ruhengeri. Il est plein à craquer. Cela amuse les jeunes scouts.

Samedi, c'est le jour du marché. Sur la route qui mène à Ruhengeri, on côtoie des femmes transportant des paniers de bananes et beaucoup d'autres produits locaux sur la tête.

D'énormes étalages de fruits et de légumes occupent le centre du marché. Au milieu de ce chaos, on étouffe : à peine un petit passage pour avancer.

Les gens entrent et sortent. Si une vendeuse aperçoit de loin des clients étrangers, elle accourt vers eux et leur demande de la suivre : « Suivez-moi, j'ai de très bonnes bananes. Voulez-vous les grandes ou les petites ? J'ai aussi des patates douces. Je vous ferai un bon prix !». On y résiste difficilement.

Une année auparavant, ce marché avait servi de cadre pour le tournage du film « Gorilles dans la brume » sur l'assassinat de la chercheuse Américaine, Diana Fossey.

Cette spécialiste de l'étude du comportement des gorilles vivait au milieu d'eux depuis plusieurs années. Elle avait établi son campement à Karisoke entre les volcans Kalisimbi et Visoke.

Elle fut tuée le 27 décembre 1985 à coups de machettes par des éléments non identifiés. Les gens n'aiment pas en parler. Cela risquerait de fâcher les autorités locales qu'on accuse d'avoir commandité sa mort. Sa présence à Karisoke était gênante pour le trafic organisé des gorilles.

Pendant le tournage, le marché avait été transformé. A l'une des entrées principales donnant sur l'ancienne maison de la Trafipro, on y avait construit une belle et grande façade en carton portant l'inscription « Hôtel de ville ». Des pots de fleurs ornaient l'entrée. Maintenant tout a disparu. Le marché a repris ses couleurs.

Les étudiants ont campé dehors dans la cour du centre d'accueil de Ruhengeri. Le lendemain, ils repartent vers Gisenyi. Lorsque le lac Kivu apparaît, ses eaux s'étendent à perte de vue.

A Gisenyi, ils s'installent à l'Hôtel Palm Beach. Pendant la journée, ils font une promenade le long du lac. Ils n'ont pas l'intention de se baigner, mais de contempler les eaux du lac.

Le bar « Tam Tam » avec ses rosiers et ses palmes fait penser aux Caraïbes. Une douce brise souffle sur la colline de Rubavu. Ici et là, jaillit une euphorbe à grandes feuilles.

De l'autre côté du lac s'élève le mont Goma que surplombe une énorme antenne de télévision. Le crépuscule est d'un effet très pittoresque. Quelques minutes après le superbe coucher du soleil, c'est la nuit. De Gisenyi à Kibuye et de Kibuye à Cyangugu, ce n'est qu'une succession ininterrompue de criques et de baies taillées aux flancs de la montagne.

Le bateau accoste non loin du Guest House de Kibuye. Le site offre des agréments d'une station balnéaire digne d'une exquise Côte d'Azur. Une brise légère calme les ardeurs d'une dure journée de voyage.

Les eaux paisibles du lac et les sommets élevés de la crête font rêver. Loin des rives du lac Kivu, le mont Karongi apparaît, éloigné et inaccessible. De la fumée noire s'échappe des huttes nichées dans ses flancs. Les gens y vivent paisiblement.

Eugénie et ses collègues sont allés à Cyangugu, et elle va se faire repérer à la frontière. Cyangugu se trouve à quelques centaines de mètres de la frontière zaïroise. De l'autre côté, c'est la ville de Bukavu.

La rivière Rusizi sépare les deux pays. Malgré la puissante chaleur qui embrase la région, le paysage est tellement beau qu'on ressent un picotement au cœur. Ici, d'autres arômes, un autre climat font de Cyangugu une des merveilles du monde.

Nos voyageurs ont prévu de passer deux jours à Cyangugu. Ils résident à l'hôtel des Chutes. Mais avant de se quitter, ils planifient pour le jour suivant.

Sans le savoir, ils s'approchent du jour qui devait être pour eux et pour tous les Rwandais plein d'événements. « Il est déjà vingt-deux heures et demie ! » s'exclame Eugénie.

Elle doit traverser le centre-ville pour aller chez sa sœur Alessandra qui habite près du poste frontalier de Rusizi. Son mari, Louis, est contrôleur des douanes. « A quelle heure on se voit demain ? » demanda Eugénie. « Au petit-déjeuner, à l'hôtel. » lui répond Éric. Ils se saluent et chacun regagne sa chambre.

Eugénie monte dans un taxi qui s'éloigne de l'hôtel. Le chauffeur connaît bien Louis. « Ton beau-frère est un type bien ». Dans ce pays, il faut se débrouiller pour vivre. De temps en temps, on laisse passer des marchandises de contrebande.

La frontière avec le Zaïre est à deux cents mètres. Le chauffeur arrête la voiture devant la maison de Louis. Eugénie gagne l'entrée, recherche la sonnette et appuie sur le bouton. A l'intérieur, les occupants allaient quitter la table.

La porte s'ouvre sur Alessandra. Elle ne s'attendait pas à cette visite. Après une longue étreinte, Eugénie raconte son périple avec ses amis qui sont restés à l'hôtel.

Il fait frais pendant la nuit. Tous les bruits se sont tus à part quelques voitures qui passent hoquetant. On bavarde joyeusement plusieurs heures avant d'aller au lit.

La guerre

Vers minuit le téléphone sonne. Louis a de la peine à se réveiller. Après une dure journée de travail passée à courir derrière les contrebandiers, il voudrait dormir. Le travail, oui, mais, le repos aussi.

Mais le téléphone continue à sonner. Finalement, il sort de son lit et décroche. Il bâille et apparemment il n'est pas encore bien réveillé.

« Quoi ?... La guerre ? ... » Demanda-t-il.

Le coup de fil venait d'un ami qui travaille à Kigali.

« Oui, la guerre ! A deux heures trente de l'après-midi, entrant par la frontière ougandaise, aux environs de Kagitumba, cinquante hommes armés du Front Patriotique Rwandais (FPR) ont traversé la frontière rwandaise, d'autres ont suivi ».

Les soldats du FPR progressent à travers la région du Mutara et passent par le parc national de l'Akagera. Ils ne seraient qu'à soixante-dix kilomètres de Kigali ».

La RFI, le BBC et Radio Vatican diffusent des informations au sujet de l'offensive du FPR : il s'agit d'une guerre de libération dont l'objectif était de faire tomber toutes les barrières ethniques mises en place par les régimes Kayibanda et Habyarimana et le rétablissement de l'état de droit.

Des jeunes, issus de tous les milieux ont pris les armes pour libérer le Rwanda, restaurer l'unité des Rwandais, éliminer le système qui génère les réfugiés. L'injustice avait duré longtemps. L'attentisme n'avait rien donné.

Chez Louis

Toute la famille est maintenant regroupée au salon. Une indicible frayeur s'installe dans la maison. Le silence dure quelques minutes. Une expression de stupeur muette se peint sur leurs visages.

Malgré le communiqué de guerre diffusé par le ministère de la Défense, la situation reste calme à l'intérieur du pays. De son côté, Eugénie pense à ce qu'elle avait vécu quelques mois auparavant.

Elle était fichée au Service central de Renseignement. Son nom pouvait à tout moment être communiqué à toutes les frontières rwandaises. Pas de temps à perdre. Elle décide de traverser la frontière pour se réfugier à Bukavu.

Le pont sur la rivière Rusizi entre le Rwanda et la RDC, au sud-ouest
(Photo archives personnelles, 2015)

Le bureau de l'immigration coté rwandais, sur la frontière avec la ville de Bukavu (Photo archives personnelles, 2015)

Il est sept heures, les premiers passants viennent de traverser le pont de la rivière Rusizi. Accompagnée de sa nièce Lilly, Eugénie arrive au bureau de l'immigration. Le douanier ne connaît pas Eugénie.

Il lui demande son passeport. Elle explique qu'elle va à Bukavu acheter du pain dans une boulangerie connue sous le nom de « Elle et Lui ». On y trouve un peu de tout, du pain, mais aussi des habits.

Au moment où il va ouvrir le passeport, le téléphone sonne dans la salle voisine. La pièce était grande, au milieu, une table et un téléphone. Le douanier fait quelques pas et décroche. Il avait laissé là le passeport d'Eugénie.

Le coup de fil venait du préfet de Cyangugu, André Kagimbagabo. Celui-ci voulait savoir si le douanier n'avait pas vu une fille du nom d'Eugénie.

Elle était recherchée par les services de renseignement. Au même moment, Sebakiga, le chauffeur de Louis, entra dans le bureau.

Il connaissait Eugénie. Le douanier lui demande : « Y a-t-il une fille du nom d'Eugénie chez le contrôleur ? » Sans se gêner, Sebakiga répond : « oui, c'est celle-ci ».

Ramassant tout son sang-froid Eugénie prend son passeport. Laissant là Lilly, elle court à pied. Un militaire court derrière elle en criant : « Mufate iyo Nyenzi- attrapez ce cancrelat ».

Elle court toujours. De temps en temps, elle se retourne, pour voir si elle était toujours poursuivie. Soudain, elle entend deux rafales claquer derrière elle.

Le militaire venait de tirer en l'air. Il est sur ses talons. Eugénie se faufile au milieu de la foule de gens qui traversent le pont dans les deux sens.

A chaque seconde, elle s'attend à recevoir une balle dans le dos. Elle continue, tout droit. Non loin de là se trouve un vieux taxi qui attend des passagers. Le taxi est déjà plein mais il faut attendre qu'il soit plein à craquer pour démarrer.

Sans rien demander, Eugénie se jette dans le taxi et montre un billet de mille francs au chauffeur. Celui-ci est presque aveuglé par le billet. Il a tout juste le temps de lui demander la direction à prendre. « Vas-y tout droit », lui dit-elle.

Maintenant, le militaire court près du taxi. Une jeep Suzuki des services de renseignement de Cyangugu suit le taxi.

Le taxi prend la direction sud, et puis s'engage vers le centre-ville. Plus loin, la route tourne à gauche et débouche sur le quartier populaire de Bagira. Les autres passagers descendent. Eugénie décrit rapidement son problème. « Je suis poursuivie par les autorités rwandaises » explique-t-elle.

Le chauffeur de taxi essaye de la tranquilliser : « Ici on est au Zaïre, Mademoiselle. Je t'amène chez ma grand-mère. Là, tu seras en sécurité ». Le Zaïrois était malin : il ne lui donnerait un refuge qu'en échange d'une grande somme d'argent. « Combien ? » lui demanda-t-elle.

Il lui explique : « Je vais dépenser beaucoup d'argent pour acheter les autorités locales ». Dix mille francs. Eugénie lui donne les mille francs qui lui restaient.

Elle descend du véhicule. Avant d'arriver chez la vieille dame, elle doit traverser à pied deux rues sales. Des ordures jonchent les bas-côtés. A dix-huit heures, il y a trop d'animation dans le quartier.

Les gens se bousculent dans de minuscules cabarets pour arracher les dernières bouteilles de bière locale.

Les femmes achètent du poisson séché et du foufou pour le dîner. La vie est belle à Bukavu. La grand-mère est une vieille dame édentée au teint très foncé. Son visage est strié de cicatrices. Elle s'est ointe d'un produit qui sent très fort.

Toute la maison en est imprégnée. Une lampe à pétrole éclaire faiblement le salon. Eugénie ne saisit pas ce qu'elle lui dit : elle parle un dialecte local.

Au bout de deux heures, son dîner est prêt. Elle lui a préparé du foufou et du poisson séché. Eugénie mange tout ce que la femme lui sert.

De l'autre côté de la frontière, c'est la terreur !

Les purges continuent. Les arrestations se font sur dénonciation. A Kigali, le stade national Amahoro est plein de Tutsi et de Hutu de l'opposition. Tous, ils ont le crâne rasé[28].

---

[28] Le rapport de l'Association Rwandaise pour la défense des Droits de la Personne et des Libertés Publiques (A.D.L) faisait état des violations massives des droits de la personne : « Dès le début de l'attaque, le pouvoir déclenchait la plus grave répression sanglante de l'histoire du Rwanda. Plusieurs personnes étaient sommairement abattues, d'autres étaient battues à mort, des milliers d'autres encore tout simplement appréhendées et entassées dans les lieux de détention du pays, y compris les camps militaires ». (Rapport sur les droits l'homme au Rwanda. Septembre 1991-Septembre 1992, A.D.L, Kigali, décembre 1992, P. 27).

Au campus universitaire de Nyakinama que fréquentait Eugénie, des professeurs sont arrêtés et incarcérés dans la prison de Ruhengeri sans procès.

La tension au campus était due en grande partie au rôle que jouait le préfet, Charles Nzabagerageza. Celui-ci multipliait des réunions du conseil préfectoral de sécurité pour maintenir la pression sur les Tutsi de la région.

Pendant ce temps, des étudiants fuyaient le campus de Ruhengeri parce que des rumeurs sur le massacre d'étudiants Tutsi couraient sans cesse au sein du campus, voire dans le village voisin de Muko.

Selon le conseil préfectoral de sécurité, les étudiants Tutsi étaient les auteurs de la tension qui prévalait au campus et devaient être sanctionnés. La sanction devait être radiodiffusée sur les antennes de Radio Rwanda.

Même la famille de Eugénie est touchée. Un militaire s'était rendu chez elle pour l'arrêter. Sans rien suspecter, le père d'Eugénie avait dit qu'elle était à Cyangugu, chez sa sœur. Son frère Yves et sa sœur Françoise étaient en prison.

Le chauffeur de taxi venait souvent voir Eugénie. Un matin, il se présenta, les yeux hors des orbites : « Attention, il y a des militaires rwandais qui te recherchent. Ils vont essayer de s'informer ». Elle connaissait un ami de Louis qui habitait à Bukavu. Elle prend un taxi qui la dépose chez Kalitanyi.

Eugénie lui explique son problème. Tout le monde est au courant de la chasse aux Tutsi au Rwanda. Kalitanyi, lui aussi est un Tutsi exilé au Zaïre depuis 1959. Il tient une pharmacie qui marche bien.

Deux jours après, le gouverneur de Bukavu, en compagnie de deux militaires rwandais, se présenta chez Kalitanyi avec un mandat de perquisition. « Tu as un ennemi du Rwanda chez toi », lance le gouverneur. Entre-temps Eugénie s'était cachée sous un lit.

Kalitanyi demanda au gouverneur de le suivre. Ils traversent le salon et pénètrent dans la chambre où se cache Eugénie. Son cœur bat très fort. Elle se demanda si Kalitanyi voulait la livrer aux Rwandais.

Les deux hommes s'arrêtent devant le lit. Alors Kalitanyi demanda à Eugénie de sortir de sa cachette. « Monsieur le gouverneur, selon vous, cette jeune fille est une menace pour le Rwanda ? » demanda-t-il.

Le gouverneur lui dit que c'était un ordre qui venait de Kigali. « On ne veut pas avoir de problèmes avec nos voisins rwandais » réplique-t-il. Alors Kalitanyi sort un billet de cent dollars qu'il tend au gouverneur.

Ce geste déclencha immédiatement un sourire chez le gouverneur. Il rangea soigneusement le billet vert dans une des poches de sa veste. Les militaires rwandais étaient planqués dehors. S'adressant alors aux militaires, le gouverneur dit : « Partez ! ». Ceux-ci montèrent dans leur véhicule et rentrèrent à Cyangugu.

Eugénie semble préoccupée de ce qui va suivre la visite des militaires. Kalitanyi craint le pire. L'endroit était très dangereux pour elle. Le prochain coup serait une tentative d'élimination.

La sécurité zaïroise est inexistante. Alors Kalitanyi décida d'envoyer Eugénie chez ses amis qui habitaient dans la forêt en dehors de la ville. Ils quittent Bukavu et roulent sur la route en terre battue. Pas un chien qui passe.

La maison de Pascal Kawuzibiega apparaît loin dans la forêt. Lui est zaïrois, sa femme est belge. Ils travaillent pour la coopération technique belge. Leur ferme comprend plusieurs bœufs.

Ils prennent un thé ensemble et commentent la guerre du Rwanda. « C'est assez effrayant ! » remarqua Pascal. Eugénie fut accueillie sans problème. « Elle peut rester tant que la situation sera tendue au Rwanda » dit Pascal. « Je ne te cache pas qu'il n'y a pas d'espoir au Rwanda. » ajouta Kalitanyi avant de se lever. Il regagna Bukavu.

Les journées dans cette forêt furent longues et monotones. De temps en temps, on entendait les cris de singes qui se baladaient dans le bois. Le chant des oiseaux avait remplacé les bruits de la ville. Mais Eugénie se demandait ce qu'elle allait devenir.

La frontière burundaise n'est pas loin. La route Bukavu-Cibitoke, après la rivière Rusizi, devenait l'axe principal qui entre au Burundi par l'ouest. A peine à la frontière, Eugénie se trouve nez à nez avec un douanier burundais. Celui-ci lui demande son passeport. Il l'examine et dit : « Votre passeport est 'prohibé', mademoiselle ».

Après le premier octobre, le gouvernement rwandais avait déclaré périmés tous les passeports délivrés avant cette date. Eugénie se mit à sangloter.

Le douanier parut surpris et lui dit : « Habyarimana ni ikijuju. Hitasha - le président Habyarimana est bête, passe. Au Rwanda, il peut arrêter qui il veut. Pas ici. » continue-t-il. Eugénie croit rêver.

Ici, commence une nouvelle vie. Une heure et demie après la frontière, elle arrive à Bujumbura. Elle s'approche d'un chauffeur de taxi et lui demande de l'amener au quartier asiatique. Là, elle a une amie qui s'appelle Célestine.

Elles s'étaient rencontrées une année auparavant au cours d'une réunion des scouts à l'université de Bujumbura. Le taxi partit dans la direction de l'hôtel Novotel.

Deux semaines après, Eugénie écrit une première lettre à sa famille. Je n'ai jamais retrouvé cette lettre, mais elle m'a dit ce qu'elle a écrit :

Bujumbura, le 2 décembre 1990
Cela fait plus de deux mois que je suis réfugiée à Bujumbura. L'itinéraire a été très long et périlleux. J'ai

approché la mort de près, mais j'y ai échappé sans savoir comment. Je regrette de vous avoir abandonnés et surtout de vous avoir causé des ennuis.
Je regrette surtout d'avoir abandonné la petite Lilly à la frontière, les circonstances m'y ont obligée. Je ne serai pas bavarde puisque je n'ai aucun espoir que cette lettre vous parviendra.
Je vis à Bujumbura sans moyens, mais des amies m'ont logé chez eux et j'ai de quoi me nourrir. Le soir je fais le ménage chez une représentante du HCR à Bujumbura.
Je vous aime tous et vous embrasse.

Eugénie

Le Centre d'entraînement militaire de Bigogwe

Février 1992

L'année 1992 était en son deuxième mois. Depuis plusieurs jours, des rumeurs circulaient dans la région de Bigogwe sur les massacres contre les Tutsi.

Plusieurs Tutsi avaient été massacrés à Kibirira et à Ruhengeri. Tous ces massacres étaient couverts d'un grand silence.

Le Bigogwe est une région naturelle située à mi-chemin vers Gisenyi. Plusieurs familles tutsi et hutu habitaient le même village de Nyamirango. Ils menaient une vie tranquille rythmée par les travaux champêtres et pastoraux.

C'est dans cette région que l'on retrouve des Tutsi, éleveurs de gros bétail, installés sur les pentes méridionales des volcans et à la lisière de la grande forêt de Gishwati[29].

Cela faisait plusieurs jours que les Interahamwe s'entraînaient dans le camp militaire de Bigogwe et dans les environs de la forêt de Gishwati.

Cette forêt se situe dans le nord-ouest du Rwanda, près du Lac Kivu et jalonne la crête Congo-Nil. Il s'agit d'une

---

[29] Jan Vansina parle de la présence des Tutsi éleveurs dans la région du Bigogwe à partir du 19ᵉ siècle. (Jan Vansina, *Le Rwanda ancien*, op. cit., p. 38). Ils sont restés fidèles à leur mode de vie traditionnelle. (Sur l'origine des Tutsi de Bigogwe, voir Voir Bideri, *Le massacre des Bagogwe. Un prélude au génocide des Tutsi*, op. cit., p. 25).

forêt naturelle et très dense. Ses espèces rares, la Calliandra calothyrsus et la Leucaena, font la joie des chimpanzés qui y vivent paisiblement.

Depuis les années soixante, le centre d'entraînement de Bigogwe avait été confié aux coopérants militaires belges. Les gens ont en mémoire le major Lochy. Celui-ci était le commandant du camp depuis sa création et le lieutenant-colonel de Koning était le plus haut gradé belge en 1992 dans le même camp.

La population était toujours sous le charme lors de la désescalade du rocher de Bigogwe par les commandos. Ces exercices ont lieu tous les matins.

Depuis 1992, les Interahamwe recevaient un entraînement militaire qui inquiétait les Tutsi de la région. Du haut de la montagne de Muramba, on pouvait voir ce qui se passait dans la plaine du Bigogwe.

L'entraînement des Interahamwe était assuré par des militaires rwandais, mais aussi par des soldats français. Selon les témoins, ils apprenaient à tuer, à couper les tendons des « ennemis ».

Des rumeurs enflent, les rondes nocturnes s'intensifient. Les Tutsi ne participaient pas à ces rondes de peur de se faire massacrer. A la tombée de la nuit, ils se regroupaient chez des voisins pour se protéger. Les hommes passaient la nuit dehors, tandis que les femmes et les enfants se massaient à l'intérieur des cases.

Ce mode de vie avait fini par être accepté par tous les Tutsi. Après tout, si on devait mourir, il fallait mourir ensemble.

Comme l'avant-veille, aux côtés de son père et sa tante, Carole quitta l'enclos pour aller se joindre aux autres Tutsi. Sa mère et ses frères étaient partis plus tôt et l'attendaient.

Elle avait fini par s'approprier cet itinéraire, elle y passait tous les jours.

Soudain, surgirent quatre militaires, bien armés et menaçant de tuer Carole et ceux qui étaient avec elle. Un des militaires tira deux coups de fusil, deux victimes tombèrent sur-le-champ.

Son oncle tenait une lance, la brandit et la soupesa deux fois avant de l'envoyer dans le cœur du militaire. Celui-ci tituba d'abord puis tomba par terre. Tout le monde commença à courir dans toutes les directions.

Un autre militaire visa alors le père de Carole et le blessa grièvement à la jambe et à l'avant-bras. « Partez, courez vite ! » lança son père. Sa tante prit alors son écharpe et la roula autour du bras du père de Carole.

Carole était l'aînée, son père l'aimait beaucoup. Comme les militaires continuaient à tirer sur les gens, la tante de Carole lui saisit le bras et elles commencèrent à courir. Ce fut la dernière fois qu'elle voyait son père. Elle avait alors quatre ans. Elle se souviendra toujours des dernières paroles de son père « Partez, courez ! » ainsi que l'écharpe que sa tante avait roulée autour du bras.

Elle et sa tante retrouvèrent les autres familles chez des voisins. Ils étaient plus d'une centaine. Les coups de feu avaient créé la panique, les gens attendaient la suite.

La mère de Carole était contente de la voir, mais elle remarqua l'absence du père. « Les militaires l'ont tué ! » cria la tante de Carole. Les victimes avaient été achevées par les militaires, les corps jetés dans les latrines. Le papa de Carole était parmi les morts.

Le camp militaire de Bigogwe servait de base aux tueurs. Les militaires amenaient des Tutsi dans le camp ou dans la forêt de Gishwati pour les massacrer.

Le massacre des civils Tutsi était devenu une pratique courante. Le commandant du camp disait qu'il menait une guerre contre des Inkotanyi. Or, les victimes étaient des enfants, des femmes, des personnes âgées, des hommes et des femmes sans lien avec la guerre.

Il se félicitait d'en avoir massacré un grand nombre, déclarant qu'il mènerait la guerre à ceux qui se cachaient encore dans la forêt.

Le préfet de Gisenyi avait institué un système de dénonciation basé sur des rapports quotidiens sur la sécurité que devaient établir les conseillers communaux.

A cette époque, la sécurité signifiait dénoncer à l'autorité un ou des Tutsis considérés comme des ennemis. Les conseillers rivalisaient dans la dénonciation.

Dans ce sens, les bourgmestres avaient donné des instructions claires : « Les conseillers qui ne dénonceraient pas les Tutsi de leurs secteurs seraient considérés comme des complices d'Inkotanyi ».

Un climat de suspicion et de persécution continua dans cette région. Les Tutsi étaient épiés au quotidien. Un rapport circonstancié était établi quotidiennement par les conseillers et devait être adressé au supérieur hiérarchique.

Une simple note rédigée par un paysan suffisait pour faire arrêter, et éventuellement faire massacrer toute une famille. La dénonciation des Tutsi était faite sur le modèle suivant :

Jothan fils Phénéas (1990)
(Confidentiel)
Mr le bourgmestre,

Je ne sais si vous êtes au courant d'un individu nommé <u>Jothan</u> (Universitaire à Mudende) et natif du même secteur qui serait chargé du recrutement des adhérents au mouvement Inkotanyi.
Je ne l'ai appris qu'hier matin et n'ai pas eu le moyen de vous l'informer hier soir. Si vous avez besoin d'autres informations y relatives je pourrais vous en fournir quoique minimes.

Votre dirigé, NZAMUYE Justin

La vie reprit timidement. Carole était retournée à l'école. Une vie familiale sans son père. L'image d'un papa étendu par terre ne la quittait jamais. Elle racontait ce qu'elle avait vu à ses amis de classe.

Les militaires avaient soigneusement dissimulé les corps des victimes dans les latrines, d'autres avaient été jetés dans des fosses communes près de l'endroit du massacre.

Mais, personne n'osait demander où on avait jeté les corps, ou bien s'il fallait enterrer dignement les morts.

On se gardait de raconter ce qui s'était passé.

Des souvenirs déchirants
Mars 1993

> « Au journal de 20 heures, face au journaliste Bruno Masure, Alain découvre sur l'écran un homme qui revient du Rwanda. Avant l'interview, il y a d'abord des images… on y voit des gens rassemblés autour d'un grand trou, très profond, une sorte de fosse. »
>
> Maria Malagardis[30]

Deux semaines se sont écoulées après que les combats ont eu lieu dans la ville de Ruhengeri. Le matin du 8 février 1993, les soldats du FPR avaient occupé la ville de Ruhengeri et la Centrale hydroélectrique de Ntaruka. Celle-ci se trouve à quelques kilomètres de Ruhengeri.

---

[30] Maria Malagardis, *Sur la piste des tueurs rwandais*, Flammarion, Paris, 2012, p. 61. Jean Carbonare au TJ du 24/01/93 avait alerté sur les crimes commis au Rwanda par le pouvoir en place. Il fait état de l'ampleur des violations, et de l'organisation des massacres qu'il qualifie de génocide. (Extraits de l'interview reproduit dans Maria Malagardis, *op. cit.*, p. 64). Jean Carbonare était président de l'association Survie et faisait partie d'une mission de la Fédération Internationale des Ligues des Droits de l'Homme (FIDH), et autres organisations de défense des droits de l'homme, dont le rapport confirmait l'existence de massacres à caractère génocidaire perpétrés par le régime en place contre les Tutsi, entre 1990 et 1993. (Rapport : *Commission internationale d'enquête (7-21), Violations massives et systématiques des droits de l'homme depuis le 1er octobre 1990*, sorti le 8 mars 1993).

L'attaque du FPR constituait un avertissement sérieux par rapport aux massacres qui étaient en train d'être commis par l'État rwandais et qui ciblaient les Tutsi[31].

Les négociations d'Arusha butaient sur l'extrémisme du MRND et la CDR qui étaient à l'origine des troubles et massacres dans le pays. Or, le FPR exigeait de l'autre partie, la cessation des massacres et la protection des civils.

Je venais d'arriver à la maison, chez ma tante Alphonsine, lorsqu'elle me dit en pleurant : « les Interahamwe ont violé mes deux filles - Interahamwe zamfatiye abana ». La rage s'empara de moi. Ces paroles résonnent encore dans ma tête. J'avais alors trente ans.

La journée est plutôt ensoleillée. Le ciel est clair. Ma tante est assise dehors sur une natte. Visiblement, elle est affaiblie par des exactions commises par les Interahamwe.

La semaine dernière, les miliciens ont rassemblé des femmes et des enfants tutsis, les ont massacrés à coups de grenades. Ces tueries ont eu lieu tout près de chez moi, ma tante attend son tour.

La mort se lit sur son visage. Adossée contre le mur, elle fixe le ciel.

La maison de ma tante se trouve dans une immense vallée. Autour d'elle se dressent plusieurs collines faciles à escalader. Le sol y est cultivé à l'aide de terrasses artificielles.

Des huttes en chaume surgissent ici et là sur les pentes des collines. Les pluies torrentielles provoquant des glissements de terrain. Elles emportent des maisons et

---

[31] Les massacres perpétrés contre les Tutsi dans le Nord-Ouest du Rwanda, à Kibuye et au Bugesera en 1992 avaient été qualifiés de génocide dans le rapport de deux missions effectuées par Eric Gillet et André Jadoul, avocats au barreau de Bruxelles, au Rwanda du 9 au 17 janvier et du 2 au 5 février 1992, p. 29-31.

tuent des gens. On se souvient d'Ayuvugo qui a perdu maison, chèvres et récoltes en une seule journée.

Ma cousine Sonia a quitté l'école le jour de l'attaque de Ruhengeri. Elle était scolarisée dans l'école des sciences de Musanze, depuis l'année dernière.

Tous les élèves avaient fui les combats. Ils sont rentrés chez eux. La marche a été longue, très épuisante.

A chaque kilomètre, il y a une barrière surveillée en permanence par les soldats. Armés jusqu'aux dents, ils vérifient les cartes d'identité. Les Tutsi sont repoussés à côté, les Hutu passent.

Ce scénario se répète à toutes les barrières. Mais, on laisse passer les élèves : ils ont entre treize et quinze ans.

Dans la soirée, Sonia arrive à la maison, fatiguée. Ma tante est très soulagée. Depuis quelque temps elle était sans nouvelles d'elle. Plusieurs personnes avaient été tuées par les soldats, le long de la route de Gisenyi.

La nuit allait être un cauchemar pour ma tante et Sonia. Tard dans la nuit, on entend les pas de gens qui rôdent autour de la maison. Des cris leur parviennent de la montagne voisine.

Une bande d'environ quinze hommes, armés de machettes et de gourdins frappent à la porte. Parmi les tueurs, il y a aussi des voisins. Ma tante a peur.

Sonia se glisse sous le lit. Les assaillants fouillent la maison, ils cherchent surtout le mari. « Nous cherchons ton mari ! », lança un milicien. Mon oncle n'était pas à la maison, il avait fui. Cette nuit-là, les chiens avaient cessé d'aboyer. Le silence s'est installé dans la région faisant taire même les bruits sauvages. Seuls les coups de canon retentissaient loin dans les volcans. Leur écho atteignait les zones les plus reculées.

De plus en plus, des menaces pèsent sur ma tante et sa fille. Elles sont confinées à la maison, elles ne peuvent pas sortir. Un Hutu guette continuellement dans le sentier qui sort de la maison.

Il n'y a plus rien à manger à la maison. Tout manque, même l'eau. Il est impossible d'arriver à la rivière sans se faire tuer.

En cachette, une amie hutu leur apportait de l'eau. Mais depuis la nuit dernière, tout le monde a peur : « Tous ceux qui aident les Inyenzi sont des ennemis. Ils seront tués comme eux », disent les Interahamwe.

Ma tante se débrouille, je ne sais comment, pour survivre. Chaque jour, elle ramasse les herbes dans les champs. Mais les herbes deviennent rares.

C'est la saison des pluies, il pleut du matin au soir. Pour ne pas mourir de faim, elle envoie Sonia faire des courses au marché. Il fallait oser le faire, le risque était grand.

Le viol

Vendredi, c'est le jour du marché. Sonia n'a que 12 ans. Comme elle est encore enfant, elle peut passer sans être inquiétée, pense ma mère. Plusieurs personnes vont au marché. En se faufilant à travers la foule, elle arrive au marché de Byangabo.

Vers 11 heures, elle a terminé ses courses. Dans son sac, elle a deux kilos de riz, trois kilos de pommes de terre et quatre kilos de haricots. Elle s'apprête à quitter le marché.

Le marché grouille encore de monde. Elle regarde de tous les côtés pour voir s'il y a quelques visages connus. Tous détournent les yeux. On la fuit comme une lépreuse.

Sur les visages se lit la haine. Quelques jeunes voyous youyoutent ; « Une inyenzi, une inyenzi... cancrelats, cancrelats... ». Sonia est assaillie, un attroupement se forme autour d'elle. On l'insulte, les gens lui crachent dessus. Soudain, quelqu'un s'intercale entre Sonia et les agresseurs. L'homme connaît sa famille.

Il l'entraîne par le bras et lui dit d'aller chez la grand-mère qui habite dans les environs. Tremblante, Sonia sanglote. Elle est très faible et pâle. Cela fait beaucoup de jours qu'elle n'a pas mangé. Et puis, elle n'a que douze ans.

La région est pleine de champs de sorgho. Ils sont d'une fécondité luxuriante et mûrs pour la récolte. Sur de grosses tiges se dressent des épis pleins. Ces couleurs champêtres créent plutôt une sensation de tranquillité.

La nature renaît dans toute sa beauté. Ce jour-là, il a plu toute la journée. Le sol est boueux et glissant. Dans les champs de sorgho, l'herbe est trempée. Les passants ont la mauvaise habitude de faire leurs grands besoins dans les champs.

Partout il y a des excréments. La pluie déchire tout cet amas d'ordures dont la vue crée immédiatement la nausée. Sonia suit le petit sentier qui va chez la grand-mère. Le hameau où habite la bonne maman s'appelle « Rwankeri ».

Sonia est dans le sentier, elle surveille les alentours. Prenant son courage à deux mains, elle court. Il faut qu'elle arrive chez la grand-mère.

Maintenant, la pluie a cessé de tomber. Soudain, elle est bloquée par un groupe d'Interahamwe. Ils sont au nombre de dix. Chacun porte une machette. Parmi eux se trouvent les neveux de Joseph Nzirorera, ancien ministre et chef des Interahamwe de la région.

Un interahamwe attrape Sonia par le bras et la tire dans le champ. Son cœur bat très fort. Ils la poussent plus loin, là où les tiges sont hautes et épaisses.

Elle veut se libérer, mais une main forte la rattrape et la pousse violemment. Elle tombe sur ses genoux et les mains dans un amas d'excréments. Elle se débat, mais les mains de deux miliciens sont sur ses épaules. Elle retombe sur les fesses.

Ils lui lancent des obscénités de tout genre. Elle a le souffle coupé, elle sait qu'elle va être violée. Elle tremble de froid et de peur. Elle se débat pour fuir, mais ils la repoussent brutalement.

Ses habits sont sales et déchirés. Son visage est méconnaissable, la boue mêlée de larmes coule sur ses joues. Elle crie de toutes ses forces : « S'il te plaît, par pitié… ». Le milicien l'interrompt : « Nous allons te violer. Crie fort, les inyenzi viendront te sauver ! ». Il s'agit de Dusabe, le frère de Nzirorera.

Le milicien déboutonne son pantalon et le laisse tomber sur ses pieds. Il ne porte pas de slip comme la plupart des paysans.

Il est sale comme un cochon. Un hurlement sort difficilement de la gorge de Sonia. Elle est maintenant toute nue. Son slip a été déchiré et sa jupe surélevée jusqu'aux hanches. Des mains, les miliciens la tiennent fermement par les chevilles.

Elle crie, mais à quoi bon crier ! Alentour, on sait qu'une enfant est en train d'être violée par une bande de voyous, personne ne réagit. Sonia est livrée à une terrible humiliation. Mais que reste-t-il de la vie où le viol d'une fillette de 12 ans n'émeut plus personne ? Les gens vont au marché comme si de rien n'était. Elle doit se taire et subir le viol.

C'est le destin de Sonia, c'est le destin des Tutsi. Elle se débat tandis que les dix miliciens la violent à tour de rôle. Au bout de quelque temps, elle perd connaissance. Un des miliciens lui crache dessus et l'insulte : « Va te plaindre chez Rwigema, le dieu des Tutsi ».

Avertie par un passant, la grand-mère se rend au lieu du viol. Elle maudit tous les Interahamwe. « Ils mourront comme des chiens » dit-elle. Elle tient Sonia par les hanches et l'aide à marcher. Elle marche en clopinant, se laisse traîner jusqu'à la maison. Elle saigne beaucoup, son bas-ventre brûle.

Avertie du viol de Sonia, ma tante quitte la maison. La rage lui donne des forces. Chez la grand-mère, la famille pleure de désespoir. La haine monte dans les cœurs, on voudrait exploser. Ici, les gens vivent comme dans des ghettos : les tutsi n'ont pas le droit de quitter leur commune. L'exil n'est plus possible.

Pourtant, il fallait quitter ce maudit village. Mais, comment faire ? Dans le dénuement total, j'entrepris de faire fuir Sonia et ma tante à Gisenyi. La ville de Gisenyi offrait un semblant de tranquillité due à sa proximité avec la ville de Goma. Avec mes trente ans, je me sentais très fort et pouvais prendre inconsciemment tous les risques.

Moi aussi je risquais de me faire tuer chaque, à chaque barrière[32]. La terreur régnait partout. Les militaires interceptaient les véhicules et tuaient tous les passagers s'ils étaient Tutsi.

Après le récit du viol de Sonia, je devins comme fou, la mort ne me disait plus rien. J'étais obsédé par une seule chose : faire fuir ma tante et sa fille. Mais comment ? Plusieurs idées grouillaient dans ma tête.

Il fallait pourtant agir vite. Je n'avais personne pour m'aider. Il ne fallait pas alerter les voisins. J'ai donc loué une camionnette à Ruhengeri et foncé à la maison. Le chauffeur s'apprête à traverser la ville de Ruhengeri.

Partout, c'est le désert. Les magasins sont fermés, les vitres cassées : il y a eu trop de pillages. Des cartons vides traînent devant les étals à l'abandon. Même la vaste place du marché est vide. Les grands paniers de bananes et de patates douces ont disparu. Les soldats patrouillent dans tous les quartiers de la ville.

---

[32] Malgré le climat de suspicion, de méfiance et de haine, mon statut de religieux m'avait protégé jusque-là, j'en ai profité pour sauver des gens.

Un soldat nous donne l'ordre de nous arrêter. Il a l'air très méchant et me demande ma carte d'identité. Je la lui tends. Il la regarde attentivement puis me dit de descendre de la camionnette.

De chaque côté du barrage se trouvent des militaires lourdement armés. Ils portent des fusils et des lance-roquettes. Je commence à palabrer un peu avec le soldat qui m'a arrêté.

Au bout de quelques minutes, il nous laissa passer. Je lui glisse quand même vingt mille francs dans la main. Qu'importe, pourvu que j'arrive chez moi.

Lorsque nous arrivons à la maison, ma tante et Sonia sont terrifiées. Elles avaient été choquées par le viol et les menaces de mort. On n'a pas le temps de charger les meubles et autres biens.

Il faut faire vite. Ici les rumeurs arrivent très vite, les tueurs aussi. Comme des chiens, ils reniflent déjà ma présence. « Nous partons d'ici. Dépêchons-nous ! Partons vite. » Dis-je. « Pour aller où ? Il y a des militaires partout » me dit ma tante.

Mon arrivée a surpris même les tueurs. Ils n'ont pas eu le temps de s'organiser pour nous arrêter. Gisenyi est à plus de cinquante kilomètres. D'un moment à l'autre les Interahamwe peuvent arriver. Quoi qu'il arrive je dois foncer sur tout ce qui viendrait me barrer la route.

Nous quittons la maison vers seize heures. Les larmes aux yeux, ma tante voit pour la dernière fois les arbres sacrés des ancêtres. Ils sont tous enterrés sous ces arbres. Ils étaient des héros. Nous, nous partons vers l'exil, vers une destination inconnue. Leurs esprits ont toujours veillé sur la famille ! Aujourd'hui, c'est fini.

Une fois sur la route goudronnée, nous roulons à vive allure. Cependant cet axe principal est plein de barrages, de contrôles. Les soldats grouillent partout. Déjà six heures et demie. La nuit tombe vite au Rwanda.

Nous n'avons parcouru à peine que le tiers du chemin. La route est étroite, pleine de tournants.

Soudain, les militaires nous arrêtent à un barrage. La route est coupée à moitié par un tas de sacs de sable. Une mitrailleuse est pointée sur notre camionnette.

L'un des soldats porte un RPG 7, avec trois roquettes par terre. Au premier geste suspect, les soldats pulvériseraient le véhicule. Ils nous tueraient sur-le-champ. « Ne bougez pas ! » dit un soldat. Je lui tends mes papiers. Le cœur tapant très fort, ma tante tend ses papiers.

Par chance, elle a gardé sa carte de membre du parti MRND. Tout le monde naissait et mourait dans le parti du président. Ce bout de papier rassura le militaire. « Vous allez où ? » lance le soldat. Je m'efforce d'être à l'aise : « Ma sœur est malade. Elle va se faire soigner à l'hôpital de Gisenyi » lui dis-je. Se dirigeant vers l'arrière, il regarde ce que nous transportons. Aussitôt, il nous remet les papiers. Nous sommes libres.

Deux heures plus tard, nous arrivons dans le Bugoyi. Les champs sont merveilleusement cultivés avec d'immenses et sombres bananiers.

De loin, on aperçoit quelques anses du lac Kivu. Ses eaux s'étendent à perte de vue, elles semblent se confondre avec le ciel. Quelques îles prenant des teintes d'un noir sombre embellissent le lac.

On est surpris par la variété de la nature qui nous entoure. Même les puissantes chaînes de volcans sont visibles. Cependant leurs sommets arrondis restent voilés dans les nuages.

A la sortie d'un virage serré, au niveau du marché de Bazirete, nous surplombons la masse des eaux. En contrebas de la crête des collines se trouve Gisenyi, à la frontière avec le Zaïre.

De l'autre côté de la frontière, c'est Goma. La route descend en lacets vers les bords du lac. Déjà le souffle de la brise venant du large nous inonde.

Sur ses rives surgissent les plus beaux palmiers et bougainvilliers. De jolies villas datant de l'époque coloniale servent aujourd'hui d'hôtels de luxe. Chaque soir, une flottille des longues pirogues se met en marche.

Elles sont creusées dans le tronc d'un arbre majestueux. Les pêcheurs rament et chantent des airs mélancoliques. La flûte en lobélie les accompagnera toute la nuit.

Nous sommes dans la ville de Gisenyi. C'est le grand soulagement pour nous tous. Nous laissons la prison de Gisenyi à ma droite. Nous contournons l'hôpital pour prendre la rue Rubavu. C'est là qu'habite mon père.

La ville de Gisenyi grouille de gens. Des Rwandais et des Zaïrois venus de Goma circulent dans tous les sens.

Ici, on est loin de la guerre. Mon père est surpris de nous voir. « Vous n'êtes pas blessés ? » nous demande-t-il. Il était au courant de ce qui c'était passé.

La vie pouvait maintenant reprendre. Mais pour combien de temps ?

Sonia pleurait toujours. C'est comme si c'était de sa faute. Elle se sentait coupable. On était dans un monde où les rôles étaient inversés, la victime devenait l'agresseur.

On préfère cacher sa honte car, dans la société rwandaise, le viol est une honte. On ignore que c'est d'abord un crime. Il faut même sourire aux violeurs pour survivre. Pourquoi porter plainte, là où la violation des Droits de l'Homme est une constante du gouvernement ?

Le lendemain, Sonia passa un test médical, les résultats étaient négatifs. Nous étions plus ou moins soulagés. Mais Sonia était blessée profondément, elle désirait mourir.

La situation au Rwanda était plutôt dramatique. La violence quotidienne envahit tout le pays, surtout la capitale. Des assassinats ciblés étaient commis, les auteurs n'étaient jamais inquiétés.

L'alerte

En avril 1993, le rapporteur spécial de la Commission des Nations Unies pour les droits de l'homme, Bacre Waly Ndiaye avait confirmé l'existence de preuves de massacres à caractère génocidaire. La Convention sur la prévention et la répression du crime de génocide était applicable à la situation du Rwanda.

En juillet 1993, un nouveau gouvernement est formé avec comme Premier ministre Agathe Uwiringiyimana, l'aile extrémiste du MDR power nait à ce moment-là.

Pendant ce temps, de multiples rencontres avaient été organisées entre le gouvernement du Rwanda et le Front Patriotique Rwandais.

En août 1993, les deux parties ont signé l'accord de paix d'Arusha. Celui-ci prévoyait des élections dans les vingt-deux prochains mois, la mise en place d'un Gouvernement de Transition à Base Élargie et d'une Assemblée Nationale de transition.

En décembre 1993, une Mission des Nations Unies d'Assistance pour le Rwanda (MINUAR) est déployée à Kigali pour superviser la mise en application de l'accord d'Arusha.

Mais la violence ne cessait de s'accroître. A peine installé, le général Dallaire qui commandait la MINUAR a reçu une lettre anonyme de l'armée rwandaise faisant état d'un plan d'extermination des Tutsi.

Le Front Patriotique Rwandais qui croyait fermement dans les accords d'Arusha a installé, le 28 décembre 1993, le bataillon de six cents soldats au CND[33], à Kigali. Le

---

[33] Conseil National pour le Développement, la chambre des députés.

bataillon devait assurer la sécurité des officiels du FPR pressentis pour faire partie du gouvernement et du parlement de transition.

Dans un climat de crainte et de doute provoqué par le régime, le président Habyarimana prêta serment en janvier 1994. La mise en place du gouvernement de transition échoua.

Pendant ce temps, le MRND et la CDR distribuaient des armes aux miliciens. La Radiotélévision des Mille Collines (RTLM) diffusait les messages de haine, et appelait ouvertement à l'extermination des Tutsi.

Ces messages étaient relayés par le journal extrémiste Kangura de Hassan Ngeze. La MINUAR devenait la cible de la RTLM et des autres journaux extrémistes. Les messages de haine ne choquaient plus personne.

Des listes de Tutsi établies par les autorités circulaient, les escadrons de la mort tuaient au cours des manifestations organisées par le MRND et la CDR.

Des partis politiques de concert avec les forces armées rwandaises organisaient publiquement l'instruction militaire des miliciens. L'intention était d'utiliser les Interahamwe dans les tueries de masse[34].

Il y avait au sein de l'armée, des milices et des rouages politiques de groupes qui avaient planifié l'élimination de Tutsi. Les escadrons de la mort, la terreur, la propagande haineuse, autant d'actes de préparation du génocide mis en place par le régime.

Il y avait suffisamment de signes d'un génocide en préparation. Le général Dallaire a informé à maintes reprises l'ONU. Il a demandé le renforcement du mandat

---

[34] Voir plaidoyer de culpabilité de Jean Kambanda, ex-Premier ministre du gouvernement intérimaire responsable du génocide perpétré contre les Tutsi, TPIR, Le Procureur c. Jean Kambanda, Affaire No : TPIR 97-23-S, jugement 4 septembre 1998, par. 39, VI).

de la MINUAR et l'autorisation de saisir les armes cachées dans la ville de Kigali.

Cet appel, et plusieurs autres encore, ont été ignorés par le Secrétaire général des Nations Unies et le Conseil de Sécurité.

Le 21 février 1994, dans la nuit, le président du Parti Social-démocrate (PSD) Félicien Gatabazi est assassiné à Kigali par des éléments identifiés comme des membres de la Coalition pour la défense de la République (CDR). L'assassinat de Gatabazi était une manifestation de refus des extrémistes d'une solution politique négociée. Son parti était modéré et soutenait les négociations de paix d'Arusha.

Le président de la CDR, Martin Bucyana, est lynché le lendemain à Save par les partisans de Gatabazi.

L'espoir tenait à peu de choses. En mars 1994, mon père avait confié une lettre à un ami qui passait par Kigali[35] :

Gisenyi, le 3 mars 1994

Il s'est passé beaucoup de choses depuis que tu es parti. Nous avons survécu au massacre qui a suivi l'assassinat de Félicien Gatabazi et le lynchage de Martin Bucyana en février 1994. Son parti la CDR et surtout la jeunesse Impuzamugambi ont tué des tutsi à Kigali et à Gisenyi. Chaque jour il y a des manifestations violentes pour dénoncer les accords d'Arusha signés en août 1993 et fustiger tout effort de leur mise en pratique.

Des militaires ont saccagé les magasins dans la ville de Gisenyi et Ruhengeri. Les actes de provocation contre le FPR se multiplient.

---

[35] J'avais quitté le Rwanda le 20 octobre 1993.

Nous nous réjouissons de la présence d'un bataillon de six cents hommes du FPR. Ils campent au siège du CND (parlement). La MINUAR a aussi établi ses quartiers généraux dans Kigali.
Un convoi du FPR qui revenait de Mulindi a été attaqué au niveau de Gatsata, à l'entrée de Kigali. L'attaque a été attribuée au régime qui se cache derrière le chaos qui règne dans le pays.
Tout ceci ne fait qu'augmenter la peur des Tutsi de l'intérieur qui redoutent un massacre à grande échelle.
Notre espoir repose sur la participation du FPR au gouvernement de transition et à l'intégration de ses combattants dans l'armée rwandaise selon les accords d'Arusha. Les forces de maintien de la paix des Nations unies sont aussi une garantie contre toute tentative de massacre.

Ton papa

Des rumeurs

Au début du mois d'avril 1994, des rumeurs circulaient dans Kigali sur quelque chose de grave qui devait arriver. Un jour, au cours d'une émission, le journaliste de RTLM, Habimana Kantano a annoncé : « il y aura quelque chose dans la ville de Kigali »[36].

En début de soirée, le 6 avril, la RTLM a diffusé la nouvelle que l'avion du président atterrissait. Et soudainement, « les émissions ont cessé, il y a eu ensuite la diffusion de la musique classique »[37].

Une heure plus tard, vers 20h 34, l'avion du président Habyarimana a été abattu d'un tir de missiles, tiré par des

---

[36] Ce témoignage est confirmé par plusieurs personnes, qui, à cette époque, ignoraient le poids des mots utilisés par Kantano. Un génocide était annoncé en direct.
[37] Linda Melvern, *op. cit.*, p. 134.

éléments des Forces armées Rwandaises (FAR), au-dessus de l'aéroport de Kigali.

L'aéroport de Kanombe a été immédiatement encerclé par les éléments de la garde présidentielle. Les coups de feu ont retenti au camp militaire de Kanombe.

Habyarimana venait d'être éliminé par ses plus proches alliés, ceux qui ont planifié le génocide ! A l'origine de l'attentat, le colonel Bagosora et le colonel Serubuga, selon plusieurs sources nationales et internationales.

Acculé par la communauté internationale, Habyarimana montrait qu'il acceptait l'application des accords de paix d'Arusha.

Mais, en réalité il était lui-même opposé à ces accords qu'il qualifiait de chiffons de papier[38]. Au fond, il voulait la guerre, et partageait avec ses alliés la solution finale : l'extermination des Tutsi.

Immédiatement, dans la nuit du 6 avril, plusieurs quartiers de Kigali sont attaqués, des barrières érigées dans différents coins.

La Garde présidentielle sillonne tout Kigali, tue systématiquement ceux qui sont identifiés comme Tutsi.

Le diable[39]

Le colonel Bagosora s'est autoproclamé l'homme de la situation, après la mort du président. Il évince d'abord le Premier ministre, Agathe Uwiringiyimana, la seule autorité constitutionnelle légitime.

---

[38] Discours de Habyarimana au cours du meeting du MRND à Ruhengeri, le 15 novembre 1992. Il avait alors félicité les Interahamwe pour leur bon travail (pour dire les massacres) au Bugesera, et leur avait demandé de se préparer aux prochaines descentes (prochains massacres).
[39] Ici le diable fait référence au colonel Bagosora dans le livre de Roméo Dallaire, *J'ai serré la main du diable - Shake hands with the Devil*, 2003.

Le général Dallaire a insisté pour le rétablissement de la légalité. « Elle [Agathe Uwiringiyimana] n'a aucune autorité », lui rétorqua Bagosora[40]. Il incita l'armée à prendre le pouvoir, mais peu d'officiers le suivirent. Le général Dallaire avertit Bagosora que si l'armée prenait le pouvoir, la MINUAR se retirerait du Rwanda.

Le colonel Bagosora en fut également dissuadé par le représentant spécial du Secrétaire général de l'ONU à Kigali, Jacques-Roger Booh-Booh[41]. Les accords de paix d'Arusha devaient être appliqués !

Dans les premiers moments de l'attentat, seul Bagosora semblait avoir la confirmation de la mort du président.

Quand Bagosora a-t-il appris la mort du président ? Pourquoi était le seul à en avoir la certitude ? Il commença alors à appeler tous les commandants des unités, les informant de la mort du président.

Il fait assassiner les autorités légitimes pouvant assurer la transition, ainsi que les politiciens de l'opposition. Tout l'espace est laissé entre les mains de Bagosora.

Le 8 avril, Bagosora était à son bureau au ministère de la Défense, il traitait le courrier, comme si de rien était. Tout allait selon son plan, l'extermination des Tutsi avait commencé et les massacres s'étendaient très rapidement dans le pays.

L'assassinat de plusieurs personnes dans presque tous les quartiers de Kigali, moins d'une demi-heure après l'attentat confirme l'existence d'un plan d'extermination des Tutsi.

Après l'assassinat d'Agathe Uwiringiyimana, un gouvernement intérimaire a été constitué[42]. Les ministres

---

[40] Linda Melvern, *Conspiracy to murder. The Rwandan genocide*, Verso 2004, p. 139.
[41] Linda Melvern, *op.cit.*, pp. 136-141.
[42] Sur les ordres de Bagosora, la Première ministre fut assassinée le 7 avril 1994, avec les 10 casques bleus belges, son escorte. L'ex-major des FAR,

sont tous issus de l'aile extrémiste des partis politiques regroupés sous le nom de *Hutu-power*[43].

Ce gouvernement planifie, incite la population civile à massacrer les Tutsi. Les membres du gouvernement multiplient les réunions publiques dans ce sens.

Les massacres s'étendent dans toutes les régions avec une vitesse sans précédent.

Bernard Ntuyahaga a fait arrêter les militaires et les a ramenés au camp Kigali où ils ont été massacrés. Le lieutenant Thierry Lotin et ses camarades furent assassinés au camp Kigali, sous les ordres du major Bernard Ntuyahaga.

[43] Un mouvement idéologique d'extrémistes hutu partisans d'un pouvoir exclusif des Hutu, et d'un Rwanda purifié de la présence des Tutsi.

« Cours, sauve toi »
Avril 1994

> « La solution finale était, aux yeux de Hitler, un des objectifs principaux de la guerre. De cette conspiration – si c'en était une – il était l'unique et solitaire conspirateur : jamais complot n'a requis un si petit nombre de comploteurs et un si grand nombre d'exécutants. »
>
> (Hannah Arendt[44]).

Le 6 avril 1994, la nuit était tombée sur la région de Bigogwe. Quelque chose de terrible venait de se produire. Pendant que tout le monde dormait, des coups de feu retentirent, les maisons brûlaient partout et les cris de gens inondaient le ciel plein de fumée.

Peu de personnes savaient que Habyarimana était mort. Les tueurs, eux, le savaient et ils n'avaient pas attendu le crépuscule pour commencer les massacres.

Les gens commencèrent alors à fuir dans la forêt de Gishwati. Les militaires du camp Bigogwe tuaient impitoyablement les Tutsi, même les enfants étaient massacrés.

Il fallait s'enfoncer dans la forêt car le massacre était cette fois-ci systématique et bien organisé.

Les tueurs poursuivirent les fuyards dans la forêt et utilisèrent des chiens pour les débusquer. Chacun pour soi,

---

[44] Hannah Arendt, *Eichmann à Jérusalem*, Gallimard, Paris, 1997, p. 251.

chacun de son côté, à la grâce de Dieu ! Seules quelques mamans gardaient encore les nourrissons au dos.

Un répit ! les tueurs avaient parfois peur d'y pénétrer, tellement la forêt était dense. Dans la suite, le massacre était interrompu par la pluie, la fatigue des tueurs ou lorsqu'ils partaient se nourrir chez eux.

Samedi, les tueurs arrêtaient le « travail », ils allaient célébrer le sabbat. La plupart étaient membres de l'Eglise adventiste du septième jour. Ils ne travaillent pas le samedi. Paradoxalement, les tueurs et les victimes étaient tous membres de la même Eglise.

Comment survivre en forêt sans nourriture et sans eau ? Il n'y avait rien à manger. Les gens risquaient de mourir de faim et de soif, surtout les plus petits. Les hommes allaient dans les champs la nuit pour chercher du maïs et des pommes de terre.

On faisait alors du feu dans la forêt, en prenant le soin de cacher la fumée. Les tueurs pouvaient la voir de loin. Un jour, alors qu'ils préparaient à manger, ils ont été encerclés par des tueurs armés de machettes, de lances et de gourdins.

Les tueurs se sont rués sur les femmes et les enfants. Un petit nombre réussit à s'enfuir.

Plusieurs cadavres restèrent abandonnés aux chiens et aux vautours.

Un jour, Carole perdit connaissance et s'évanouit devant sa mère. Leur voisin, Nzobanita, qui avait fui avec eux, partit chercher de l'eau au fin fond de la forêt de Gishwati. Il ramena aussi quelques fruits sauvages. Cette maigre portion magique lui sauva la vie.

Les petits enfants constituaient un danger pour le groupe : leurs pleurs et leurs gémissements pouvaient alerter les tueurs. Lily avait un an et pleurait souvent.

Sa maman mettait la main sur la bouche de l'enfant au risque de l'étouffer. Certains réfugiés eurent l'idée d'abandonner l'enfant quelque part dans la brousse. C'était le seul moyen d'échapper aux tueurs. La maman s'y refusa avec dignité.

Passer des jours sans manger et sans boire devint insupportable. Il fallait partir, mais partir où ? La survie dans la forêt tenait du miracle.

La nuit tombée, les gens se divisèrent en petits groupes pour gagner le Zaïre voisin. La frontière n'était d'ailleurs qu'à quelques kilomètres. Mais marcher devenait plus difficile, on souffrait de partout.

Ils sortirent de la forêt, les hommes devant, les femmes et les enfants derrière. Ils atteignirent le grand rocher de Bigogwe.

Cette nuit-là, la lune éclairait le rocher et ses environs. Soudain tout le monde s'arrêta : ils avaient aperçu une silhouette humaine, immobile près du rocher : la surface du rocher était comme un miroir sur lequel l'ombre des buissons bougeait.

La silhouette semblait être seule. Ils continuèrent et passèrent devant le rocher. Après, ils traversèrent la route bitumée et suivirent le sentier qui va à la frontière. Les tueurs dormaient profondément, à juste titre, ils avaient beaucoup travaillé !

Tous repartirent silencieusement, sans se presser. Enfin la chance n'était pas loin, mais le péril était aussi grand. Entre la route bitumée et la frontière, il y a la vallée ouverte de Kibumba.

Il était difficile de savoir si on était encore au Rwanda ou bien si on était déjà au Zaïre. Il était déjà deux heures du matin lorsque le groupe se retrouva face à un groupe de tueurs. Plusieurs fugitifs furent tués, d'autres purent traverser la frontière.

Peu de personnes venaient d'échapper au massacre. Mais, tous gardaient espoir que ceux qui n'étaient pas là ce soir, étaient peut-être cachés et qu'un jour, ils allaient réapparaitre.

Les survivants passèrent quelques jours à Kibumba, près de la frontière rwandaise. Ils furent ensuite acheminés vers un autre camp, à Cyeshero.

Ils y restèrent jusqu'au jour où les premiers Interahamwe et ex-FAR quittèrent le Rwanda et arrivèrent au Zaïre.

Les ex-FAR venaient de perdre la guerre, ils emportaient avec eux l'instinct de tuer. Les rescapés furent relogés dans un autre camp appelé Kituku.

Dans ces camps, des gens mouraient de choléra : la survie devint difficile.

La Croix-Rouge aidait les gens à se retrouver. Carole apprit pour la première fois que sa maman et ses deux sœurs étaient en vie et se trouvaient dans un autre camp.

Ils y restèrent jusqu'au mois de juillet. Dès juillet 1994, le Rwanda fut libéré et plusieurs survivants prirent la route de retour vers le Rwanda. Ils firent plusieurs kilomètres à pied.

Personne ne sentait plus la fatigue, tellement on était content de rentrer au Rwanda. Le pays était libéré des forces génocidaires. Une ère de vie venait de commencer, une lumière éclairait le nouveau Rwanda.

Moins de cinq cents personnes survécurent au génocide dans cette région. Carole et sa famille trouvèrent leur maison pillée, incendiée. Pendant le génocide, les tueurs s'étaient approprié les biens des victimes. Certains tuaient pour s'enrichir.

Carole retourna à l'école, mais l'image de son papa ne la quittera plus, elle se souvient toujours de la dernière parole de son papa : « Courrez vite » !

La poubelle aux morts
Avril 1994

> « Nous voulons montrer à tous les pays du monde comment des millions d'êtres humains, parce qu'ils se trouvaient être juifs, et un million de bébés, parce qu'ils se trouvaient être bébés juifs, ont été assassinés par les nazis »
>
> (Hannah Arendt[45])

Le samedi deux avril, Sandra quitte la ville de Gisenyi. Elle a passé trois jours avec les parents. Deux ans se sont écoulés sans qu'elle puisse les voir. Les régions de Gisenyi et Ruhengeri sont devenues très hostiles aux Tutsi. Depuis 1990, ils étaient recherchés, arrêtés et tués en cachette.

La ville de Gisenyi est située à quelque cent trente kilomètres de Kigali. C'est la région natale du président Habyarimana, et des principaux membres de « l'Akazu ». Ceci fait de Gisenyi, une région où l'ethnisme et le régionalisme sont très développés. Même en temps de paix, les gens des autres parties du pays évitent de s'y rendre de peur d'être agressés.

Les trois jours que Sandra vient de passer avec les parents lui ont donné beaucoup de joie. Elle a passé des moments agréables avec Sandrine, notre jeune sœur. Elle vit avec les parents.

Alors que les parents l'accompagnent à la gare, elle confie à notre maman : « Je crois que je vais mourir !».

---

[45] Hannah Arendt, *op. cit.*, p. 21.

Tout le monde sent la mort, mais on essaie de se donner du courage. Au bout de deux heures, elle arrive à Kigali. Mais au lieu d'aller directement là où elle logeait, elle continue à Nyanza, dans le sud. Elle a une grande peur, elle est perdue. A Nyanza habite Claudette, notre grande soeur. Elle arrive à la maison vers dix-neuf heures.

Elle se calme un peu, cause, rit avec tout le monde. Elle oublie un instant la mort. Mais, les causeries tournent autour de l'insécurité qui règne partout dans le pays.

Dimanche, elle voulait retourner à Kigali pour reprendre le travail le lendemain. Mais l'idée de la mort ne la quitte pas. « J'ai peur de mourir » dit-elle à Claudette.

Alors Claudette lui dit de passer la nuit à Nyanza et de repartir lundi très tôt pour être à Kigali avant sept heures.

Elle passe la nuit à Nyanza et repart le lendemain. C'était le quatre avril 1994.

Deux jours après, c'est l'attentat contre l'avion présidentiel. La nouvelle se répand rapidement dans la ville de Kigali.

Une telle nouvelle ne peut pas attendre le matin, c'est la panique générale à Kigali. Le téléphone fonctionne encore, l'information circule, elle arrive aux quatre coins du Rwanda et même à l'étranger.

Sandra, travaille à Kigali, et loge avec d'autres jeunes filles dans le quartier de Kiyovu.

Elles sont trois filles toutes Tutsi à partager l'appartement. Elles s'entendent bien, leur amitié est nécessaire dans ces moments tragiques.

Quelqu'un téléphone à Sandra : « Habyarimana est mort ». Elle alerte les autres filles.

Les filles ne réalisent pas encore la gravité de cet événement. Elles en causent et puis elles s'en vont dormir. « Il faut penser au boulot de demain » dit Alice.

Celle-ci travaille au BUFMAR, un comptoir pharmaceutique de Kigali. Elles ignorent ce qui se passe dans d'autres quartiers de Kigali.

Le sang coule depuis l'attentat contre le président. Plusieurs personnes sont exécutées sommairement chez elles sans savoir ce qui s'est passé. Tout le monde a peur de sortir.

De leur chambre, les filles entendent la voix d'un homme. Il frappe à la porte. Personne n'ose sortir pour aller ouvrir. Il s'agit des militaires : « Ouvrez vite, autrement nous cassons la porte » disent-ils.

La plus courageuse, Cécile, va ouvrir. Sandra et Alice restent enfermées dans leurs chambres.

Les militaires portent une tenue de combat avec des fusils et des grenades attachées à la ceinture. Tous sentent l'alcool. Ils ont des yeux rougis, ivres de rage.

Leurs habits sont tachés de sang : ils venaient de tuer. « Où sont les autres ? » demandent les soldats. Elles sortent de leurs chambres et se rassemblent au salon. « Présentez vos cartes d'identité ! » leur enjoignent-ils.

Toutes tremblantes, elles présentent les documents. « Vous trois, vous êtes « Inyenzi ». C'est vous qui avez tué notre cher Président, vous allez mourir… ».

Les soldats prennent d'abord les montres et les bijoux qui sont dans les chambres des filles. Ils fouillent les chambres.

Un des militaires entre dans la chambre de Cécile. Celle-ci le suit. Sandra et Alice attendent au salon. Alice a un front profond et de taille élancée. Pour cacher ses traits, elle roule un mouchoir sur sa tête.

Le militaire menace Sandra et Alice de les violer. « Qui va coucher avec moi la première ?» dit un soldat.

Prise de panique, Sandra demande d'aller aux toilettes. «Vas-y vite, j'ai vu que vous avez des toilettes à l'intérieur » dit un soldat.

Au lieu d'aller dans les toilettes, Sandra se glisse sous le lit. Cinq minutes après, le soldat sort de la chambre de Cécile et demande : « Qui est Sandra ? », Il voulait tout l'argent.

Sandra sort de sa chambre et entre chez Cécile. Elle la trouve nue. « Déshabille-toi aussi, sinon je te tue », intime le soldat à Sandra. Elle hésite, mais se déshabille rapidement. Elle garde ses chaussettes et le soldat lui dit de les enlever aussi. L'une après l'autre, les filles se mettent à genoux, alignées, nues, le dos tourné vers les soldats.

Alors un soldat leur demande si elles veulent être violées ou être tuées. « Je préfère être tuée » dit Sandra. Le soldat l'insulte et lui dit qu'il va la tuer. Il se sent méprisé par Sandra. « Ah, tu ne veux pas coucher avec un Hutu. »

« Maintenant je vais te tuer » hurle-t-il. Il pointe le canon de son fusil sur Sandra et lui lance des obscénités de tout genre. « A présent, tu vas mourir, espèce de Tutsi » continue-t-il. La face collée au mur, elle tremble de tout son corps. « S'il te plaît, ne me tue pas ». Il lui donne un coup de pied et l'insulte encore : « On va nettoyer ce pays, rien ne presse ».

Entre-temps, l'autre soldat ouvre la porte et trouve Sandra et Cécile nues contre le mur. Il dit à son copain de ne pas les tuer puisqu'ils reviendront après. Ils quittent la maison et vont piller et tuer dans d'autres maisons.

Alice est prise de spasmes, elle tremble. Elle peine à raconter ce qui lui est arrivé.

Elle avait supplié le soldat de ne pas la violer, en vain. Tandis que Sandra s'était terrée dans les toilettes, Cécile était dans sa chambre. Alice était restée au salon seule avec le soldat.

Le militaire l'avait violée. Elle pleure beaucoup. « Il faut maintenant quitter la maison et fuir » dit Sandra. Les soldats ont dit qu'ils vont revenir vers six heures.

Non loin de là habitait une dame d'origine belge. Elle enseignait à l'école belge de Kigali. Elle accueille les filles chez elle.

Mais, pour ne pas les exposer, elle les cache dans la niche de son chien. Elles y restent toute la nuit. Elle leur apporte à manger et essaie de les soulager par quelques mots.

Elles y restent pendant trois jours. Entre-temps les militaires belges arrivent dans le quartier, et évacuent la ressortissante belge.

Sandra et ses amies ne savent pas que la Belge est partie. Sortant de sa cachette, Sandra entre dans la maison pour chercher le téléphone.

Elle appelle sa grande sœur qui est à Nyanza. Celle-ci lui répond : « papa et maman, Léonard, et Media ont été tués hier à Gisenyi ». A cette nouvelle, Sandra s'effondre, elle tombe par terre.

La vie ne tient plus à rien, elle vient de tout perdre : « A quoi bon se cacher si tout le monde a été exterminé », se dit-elle.

De leur cachette, les filles entendent les voix des passants qui discutent entre eux. Ils venaient de croiser un groupe de soldats : « Ah ! on dirait que ces militaires sont des Inyenzi » se disent-ils.

Dans le quartier, il y avait trop de mouvements de civils et de militaires. Il fallait dénicher et tuer tous les Tutsi.

Dans Kigali, on vit un climat de guerre. Toutes les routes sont coupées par des barrages de miliciens ou de soldats. On entend ici et là des tirs, des explosions qui créent la panique. Les miliciens sillonnent la ville en scandant des cris hostiles aux Tutsi.

La nuit est sombre et silencieuse, comme isolée du monde. De temps à autre ce silence est brisé par les aboiements des chiens, des bêtes attirées par la chair humaine.

Les maisons des Tutsi sont fouillées et incendiées. Sandra et ses amies ne peuvent pas fuir, elles attendent. Si elles ne sont pas tuées par des militaires, elles mourront de faim.

La maison n'attire pas particulièrement l'attention des soldats qui passent. Mais, un des veilleurs arrête un groupe de militaires et leur dit : « Il y a des Tutsi cachés dans la maison. Mais, ce n'est pas moi qui les ai amenés ».

Les militaires entrent et trouvent effectivement les 3 filles. Les soldats ont juré de tuer, ils ne pillent pas, rien ne peut les distraire. Le torse bardé de bandes de mitrailleuses, dix grenades pendues à la ceinture, les fusils braqués sur le chenil où étaient cachées Sandra et ses amies, les soldats crient : « Sortez de là les mains sur la tête et avancez lentement, nous venons vous protéger ».

Une à une, elles sortent de leur cachette. Un militaire donne un coup de pied à Sandra. Dehors, les gens s'attroupent autour d'elles et crient : « Voilà les Inyenzi, où étiez-vous cachées ? Les autres Inyenzi sont déjà morts ! ».

Les filles avancent et descendent la rue Député Kayuku. L'ambassade de France est à deux pas. Elles sont alignées sur la bordure au fond de la rue. Assises par terre, elles ne peuvent plus échapper à la mort.

Elles n'ont plus peur. Elles attendent la mort sereinement. Leurs tueurs sont plus troublés qu'elles.

Le 12 avril 1994, à 12 h, a lieu l'exécution. Chaque militaire a sa cible. Ils pointent leurs fusils sur les filles. Les balles sortent au même moment, elles visent le cœur.

Alice reçoit une balle dans le cœur, elle gémit une seule fois et le corps tombe sur Sandra. Cécile tombe aussi de l'autre côté.

Sandra reçoit une balle légèrement au-dessus du sein gauche qui écorche sa peau. Elle tombe et saigne beaucoup.

Malgré l'impact de la balle qui lui a déchiré le corps, Sandra n'est pas morte. Elle entend ce que disent les militaires. « Celle-ci n'est pas morte, achève-là » dit un soldat.

Alors il rechargea son fusil, mais le fusil s'enraye. « Après tout, elle est blessée, elle va mourir ! » dit un autre. « Dégagez la route » ordonne un soldat aux miliciens attroupés là. Ils traînent les corps dans une énorme poubelle verte à moitié pleine de corps ensanglantés.

Une fois la poubelle verte remplie, des camions passent récupérer les cadavres pour les jeter dans des fosses communes.

Souvent, avant que les bennes à ordures n'arrivent, les chiens errants s'acharnent sur les cadavres en traînant les corps dans la rue.

Ces bennes ont évacué plus de soixante-sept mille cadavres pendant les trois premières semaines d'avril.

Vers dix-huit heures, Sandra reprend conscience et se relève de la poubelle. Elle chasse de sa main un chien qui tentait de mordre son pied.

Elle regarde autour et réalise que Cécile et Alice sont déjà mortes.

Péniblement, elle descend de la poubelle et regarde s'il y a des tueurs dans la rue. Il faut être prudent puisque la soldatesque circule dans des jeeps ou à pied. Le quartier de Kiyovu est habité par des militaires et les proches du régime.

Les militaires ont l'ordre d'éliminer tous les Tutsi avant qu'ils ne fuient dans d'autres quartiers. « Que dois-je faire ? » se demanda Sandra.

Errant dans les rues de Kiyovu, elle passe devant des maisons protégées par de solides clôtures en briques ou en béton armé. Un chien errant lui court derrière en aboyant. Elle cherche où se cacher.

Elle ne sait pas à quel portail frapper. Si par malheur elle frappait chez un militaire, elle serait immédiatement tuée.

Retenant son souffle, elle tape fortement sur le portail d'une belle propriété.

A l'intérieur de la clôture se trouve une somptueuse villa. A voir la maison, on ne peut s'y tromper, elle est habitée par un Européen. Il s'agit de l'habitation d'un coopérant belge qui avait déjà quitté le Rwanda aussitôt après le déclenchement des tueries dans Kigali.

Sandra se trouve en face des veilleurs qui se montrent d'abord gentils avec elle. Elle saigne beaucoup et leur demande de l'eau pour laver sa plaie. Ils lui donnent de l'eau et du sel pour soulager la douleur.

Mais un des veilleurs se montre très agressif et la menace. « Tu es une Inyenzi, je vais te tuer cette nuit » lui dit-il. Sandra le prend au sérieux, mais reste.

Les veilleurs l'enferment dans la grande demeure et dorment dehors. Quand elle se réveille la nuit, elle entend les trois hommes discuter. L'un d'eux parle de Sandra. « Nous avons l'ordre de tuer tous les Tutsi. Que diront les soldats s'ils trouvent cette Inyenzi ici ? ».

Les choses deviennent claires dans l'esprit de Sandra. « Si je ne veux pas être tuée, je dois sortir d'ici, je dois tenter l'impossible » se dit-elle. Elle recherche partout les clés pour sortir.

Elle trouve un tas de clés dans la cave. Après plusieurs tentatives, elle réussit à ouvrir la porte et sort silencieusement de la maison. Elle monte sur un arbre et s'assied sur une branche.

Mais le chien aboie très fortement et alerte les veilleurs. Ceux-ci, à leur grand étonnement, retrouvent Sandra perchée sur un arbre. Alors, un des veilleurs, le méchant, dit aux autres : « Je vous l'avais dit, cette fille est une Inyenzi. Comment a-t-elle trouvé les clés et comment a-t-elle pu monter à cet arbre ? ». Sandra expliqua qu'elle avait eu peur d'être tuée par le veilleur.

Les autres se montrent gentils et lui disent de retourner dormir. Elle doit partir à l'aube avant la reprise des massacres. Curieusement, ils prient pour elle et demandent à Dieu de la protéger.

Ils appartenaient à un mouvement charismatique, « abarokore ». Leur religion leur dit de ne pas tuer.

Ils lui conseillent d'aller au siège du CICR qui était à quelque cinq cents mètres de là. Le lendemain, elle rassemble ses dernières forces pour marcher. Dans la rue, elle a le vertige, mais elle doit continuer d'avancer malgré la douleur causée par la blessure. Elle prend la route qui descend aux bureaux du CICR. En face il y a la colline de Mburabuturo. Le quartier de Gikondo n'est pas loin. Là on tue impitoyablement.

Soudain elle entend le bruit d'un véhicule qui vient dans sa direction. Plus distinctement, elle perçoit un bruit de moteur.

Elle se laisse tomber par terre feignant d'être déjà morte. Le véhicule militaire passe en trombe sans même la remarquer.

Elle abandonne l'idée d'aller au CICR. En face, se trouve un gros édifice avec une clôture rouge. A l'intérieur, flotte le drapeau d'un pays étranger.

Sur une plaque argentée accolée au mur, on peut lire : « Ambassade de la République Islamique de Libye ». Elle se rassure et de nouveau grimpe le mur et tombe à l'intérieur.

Là, elle est soulagée lorsqu'elle trouve d'autres personnes cachées. Il s'agit d'une vingtaine de Tutsi échappés des massacres et les employés de l'Ambassade.

Certains sont troublés par l'arrivée de Sandra. « Il n'y a pas de place » lui disent-ils. Elle insiste et s'installe dans un coin. Elle vient de passer trois jours sans manger.

Elle a faim, mais la peur lui donne la force de survivre. Lorsqu'on lui présente une assiette de riz et de haricots, elle croit rêver. Elle se jette sur la nourriture qu'elle déglutit lentement. Elle a un ventre creux.

Après deux ou trois fourchettes, son estomac se révolte, rejette ces aliments. Elle vomit tout ce qu'elle a mangé. Elle est prise d'une forte diarrhée.

Cela fait sept jours que les massacres ont commencé dans Kigali et trois jours que Sandra et ses amies sont tombées sous les balles.

Sa plaie commence à sentir mauvais. Jusque-là, elle a utilisé des compresses trempées dans de l'eau salée. Maintenant qu'elle est à l'Ambassade, elle espère être soignée.

Malheureusement, elle est obligée de se soigner avec de l'eau salée durant deux semaines. Elle est sale, ses vêtements collent à son corps.

Elle porte les traces de sang coagulé sur ses habits. Régulièrement, les miliciens menacent d'envahir l'Ambassade. « Vos jours sont comptés, demain nous allons vous exterminer, - tuzabatsembatsemba - » crient-ils.

Les provisions à l'ambassade s'épuisent peu à peu. On ne mange qu'une fois et peu durant toute la journée. Les enfants pleurent de faim. Ils ne comprennent pas pourquoi ils sont enfermés là.

Pour les calmer, leurs mamans leur disent que le lendemain ils vont rentrer à la maison.

Sandra avait aménagé un refuge au fond du couloir. L'endroit est plutôt sombre et elle peut tout voir de sa cachette sans être vue.

C'est là qu'elle passe ses nuits ignorant ce qui pourrait se passer à tout moment. Les menaces des miliciens s'intensifient. La plaie s'infecte. Il faut tenter une dernière chance. L'unique chance est le CICR qui n'est pas loin.

Mais, il est presque impossible de sortir de l'Ambassade sans se faire remarquer. Il y a partout des barrages tenus par les miliciens. Ceux qui sont pris sont exécutés au même endroit.

Mais à une heure tardive de la nuit les miliciens ivres et fatigués quittent les lieux. Après tout, personne ne peut s'échapper et quitter Kigali.

C'est quand le jour se lève que les tueurs recommencent leur travail. Peu avant cinq heures, on entend des cris un peu partout, c'est l'heure des cauchemars pour les Tutsi. C'est seulement à l'aube qu'on peut tenter de sortir.

Sandra tremble, elle a peur. L'idée de quitter l'Ambassade de Libye la hante. Son estomac grouille tant. Mais elle doit lutter et survivre.

Elle repère un petit sentier dissimulé par des planches et des restes de bois de construction. Elle va dans cette direction. Il fait sombre mais elle ne peut pas allumer sa lampe de poche pour ne pas être vue. Sans un mot, elle arrive sur la rue qui descend au CICR.

Elle est anxieuse, inquiète d'avoir quitté sa cachette. On n'entend que les aboiements des chiens gavés des cadavres qui jonchent les rues.

L'odeur fétide des cadavres attire les chiens. Les corps emmagasinent la chaleur la journée et la rejettent le soir.

A mesure qu'elle avance, elle a l'impression que le temps s'arrête et que la distance s'allonge. Il ne lui reste que cinquante mètres pour arriver au CICR.

Son cœur bat très fort. Elle prie pour que personne n'arrive à cet instant. Un chien sort de la brousse en courant, laissant derrière les restes d'une jambe encore chaussée.

Elle n'en croit pas ses yeux. Le décor est vraiment macabre, dantesque. Les cadavres jonchent les rues de Kiyovu.

A l'endroit où le sentier de l'Ambassade débouche sur la grande rue, une puanteur épouvantable lui monte aux narines.

Cela semble une odeur de foies de poulets en décomposition. Il s'agit des cadavres qui pourrissent au soleil.

Elle voit un cadavre d'une jolie dame, d'une grande corpulence. La poitrine est affaissée, les jambes écartelées. Elle doit avoir été violée avant d'être tuée.

Des mouches vertes et noires se repaissent du cadavre. Au même endroit gisent trois cadavres, un homme adulte et deux petits enfants.

Les cadavres avaient été trucidés par balles et découpés à coups de machettes. Tous ces cadavres sont enflés et ressemblent à du caoutchouc blanc.

Deux semaines après le début des massacres, Sandra est méconnaissable. Elle est décharnée, son visage rond et plein s'est réduit à quelque chose d'anguleux.

Ses yeux semblent immenses comme s'ils allaient sortir de l'orbite. Finalement, elle atteint le mur qui entoure le bâtiment du CICR.

Tout est calme, les tueurs ne sont pas encore sortis. Elle avance guettant le moindre signe signalant la présence des miliciens.

Il fait encore nuit et on distingue mal les silhouettes qui semblent bouger dans l'ombre. Même le mouvement des feuilles agitées par le vent vous fait terriblement peur. Une fois à l'intérieur de l'enceinte de la propriété du CICR, elle est accueillie par des veilleurs qui renseignent le chef de mission.

Philippe Gaillard, un homme courageux et sympathique représentait la CICR au Rwanda[46]. Il dit à Sandra d'avancer et de se faire enregistrer.

---

[46] Né en Valais, en Suisse, Philippe Gaillard a été nommé, en juillet 1993, chef de délégation du CICR au Rwanda, il est revenu en juillet 1994.

A l'intérieur s'agitent des gens bien portants aux côtés de plusieurs blessés qui gisent sur les brancards. Sandra n'a pas le temps, elle pense toujours à sa blessure.

Kigali. Blessés soignés à l'hôpital du CICR. *L'Illustré*/Claude Glunz. Archives CICR.

Un hôpital de campagne a été aménagé par le CICR pour accueillir les blessés.

Les blessés que le CICR ramassait étaient en fait « des survivants que les tueurs, en particulier les Interahamwe, n'avaient pas eu le temps d'achever »[47].

Parfois des blessés étaient déchargés de force et achevés sous les yeux des agents de la Croix-Rouge. Mais, plus de dix mille blessés furent sauvés par le CICR entre le 10 avril et le 4 juillet 1994, soit une moyenne de cent blessés par jour.

---

[47] Philippe Gaillard, Rwanda 1994 : « Dans ces moments-là, surtout ne pas montrer qu'on est mort de peur… », extrait de la Conférence donnée par Philippe Gaillard le 18 octobre 1994 au Musée international de la Croix-Rouge et du Croissant-Rouge à Genève sous le titre : Rwanda 1994 : la vraie vie est absente (Arthur Rimbaud).

A intervalles réguliers, une jeep militaire amène un milicien blessé. Des soldats dont les plaies saignent encore sont déposés au service des urgences du CICR. Ils sont évacués de la zone de combat. Le FPR pilonne les positions ennemies tenues par une armée génocidaire.

Partout il y a des cris de douleur, les militaires blessés hurlent des insultes au passage des Tutsi. La situation devient dangereuse pour Sandra. Il faut qu'elle soit éloignée du regard des soldats.

Les choses allaient bien jusqu'au jour où une religieuse travaillant au CICR, prise d'une haine injustifiée, obligea Sandra à laver chaque jour des tas d'assiettes, de gobelets en usages au CICR. La désolation, le chagrin gagnent son cœur. Au moins elle est encore en vie, et puis elle reçoit des soins pour sa plaie.

Le travail est pénible, elle se sent seule et fatiguée. Un jour, alors qu'elle était en train de laver, une pile d'assiettes tomba et elles se brisèrent.

Elle fut prise de panique et de colère. Après tout à quoi bon vivre dans ces conditions ! Un jour ou l'autre les miliciens hutu viendront tuer tous les Tutsi réfugiés au CICR.

Sandra a la chance de rencontrer une fille tutsi, qui a survécu au massacre. Elle s'appelle Aline. Elle a été coupée en morceaux, de la tête aux pieds. Ses plaies se cicatrisent petit à petit.

Les tueurs avaient massacré toute la famille, ils l'avaient crue morte. Elle resta cachée chez elle, mais au bout d'un certain moment, elle se réfugia au CICR. Elle se rappelait vaguement de ce qui s'était passé la nuit du massacre de ses parents.

Sandra se confia à Aline, elle avait brisé une centaine d'assiettes. Il fallait qu'elle le dise à la religieuse. Elle est devant la chambre de la religieuse, Sandra hésite mais frappe à la porte. La sœur la regarde avec mépris. « Que viens-tu faire ici ? Tu n'as pas à faire ? » lui lança méchamment la soeur.

Alors Sandra éclata en sanglots et lui dit : « Sache que ce que tu me fais faire, je le fais parce que mes parents ont été tués. Je suis maintenant une esclave qui doit laver des centaines d'assiettes ».

Elle lui dit qu'elle avait brisé les assiettes et qu'elle n'avait pas l'intention de laver les assiettes, seule. La sœur versa quelques larmes de crocodile et lui demanda de s'occuper désormais des urgences.

En fait, il s'agissait de lui dire d'aller tout droit vers la mort. Aux urgences, on n'accueillait que des militaires et des miliciens blessés au combat.

A l'intérieur de l'hôpital, il fait terriblement chaud. On sent partout l'odeur des excréments, des plaies et l'odeur de l'alcool.

Plusieurs corps sont allongés sur le sol : des Tutsi blessés mortellement y meurent chaque jour. On voit de nombreux cadavres qu'on emmène dans des fosses communes en dehors du CICR. Sur le visage des plus gravement atteints se lit déjà la mort.

Des infirmières de fortune passent voir les blessés tenant des plateaux pleins d'instruments et de pansements. Sandra qui n'a jamais soigné doit s'occuper des malades.

En plus de ça, elle doit évacuer les excréments des soldats qui gisent alités. Ces blessés sont toujours accompagnés d'un militaire en bonne santé, très nerveux et agressif.

Celui-ci terrorise les filles qui s'occupent des blessés. « Soignez-les qu'ils guérissent, sinon je vous tue » dit-il.

Un milicien du nom de Léonard vient d'être déposé à l'entrée de l'hôpital. Il gémit de douleur, ses intestins sont sortis.

Il balbutie quelque chose d'inaudible. On essaie de rentrer les intestins à l'intérieur, mais il garçon saigne beaucoup. Il va mourir. Il parait qu'il a tué plusieurs Tutsi dans le quartier de Muhima.

Les autres miliciens avaient découvert qu'il avait une mère Tutsi : ils l'ont donc assommé ! Deux jours plus tard, on ramène un autre soldat blessé. Il tenait sa jambe gauche avec les deux mains. Il vomit des insultes contre les Inyenzi et tous les Tutsi.

On expliqua qu'il avait reçu des éclats d'un obus qui venait d'exploser tout près du camp Kigali. Il continua d'hurler et bientôt il perdit connaissance. Il avait une forte hémorragie.

Sandra doit nettoyer chaque jour ses plaies et changer son pansement. Soigneusement, elle doit s'occuper d'évacuer le pot d'excréments.

Tous les hôpitaux sont fermés. Les blessés continuent à affluer. Les combats s'approchent du centre-ville de Kigali où se trouve le CICR. Les miliciens ont érigé un barrage à la sortie de l'hôpital. De temps en temps, des obus de mortiers explosent non loin des locaux du CICR.

Tout le monde a peur. Il est même impossible d'envisager l'évacuation du personnel du CICR. Ceux qui ont un petit poste de radio peuvent suivre en cachette l'évolution des combats. Le gouvernement génocidaire quitte Kigali le 11 avril.

Sandra et Aline continuent de s'occuper des blessés tout en espérant que le FPR chasse le plus rapidement possible les génocidaires de la capitale. Parmi les blessés graves se trouve un homme, un Tutsi, qui habitait le quartier de Kimisagara.

Les miliciens l'avaient surpris chez lui et lui avaient ouvert le crâne avec une machette. On voyait même le cerveau, une partie était entamée par des vers. Personne ne s'en occupait.

En rentrant des urgences, Sandra remarque cet homme. Elle s'arrête, s'agenouille près de lui. Elle lui parle, mais l'homme est incapable de répondre. Il la regarde seulement. Elle lui apporte de l'eau.

L'homme boit et fixe Sandra en signe de reconnaissance. Pour elle, l'homme qu'elle a devant elle, représente tous ces Tutsi qui ont été sauvagement tués. Il est l'image des parents, des frères et sœurs qui avaient subi le même sort. « Il faut qu'il guérisse » se dit-elle.

Elle court chercher le docteur Abel Kagame, un médecin réfugié lui aussi au CICR, et lui dit de faire tout pour sauver cet homme. Le docteur fait un examen rapide et lui donne quelques médicaments.

Il dit à Sandra que cet homme allait mourir, son cerveau avait été infecté. Sandra fut convoquée par la religieuse. Elle lui demanda pourquoi elle s'occupait particulièrement de cet homme. « Personne ne s'occupe de lui, c'est un malade comme les autres, je m'en occupe » lui répond Sandra.

La soeur avait condamné cet homme à rester avec ses pansements sales, qui dégageaient une puanteur pénétrante. Sandra reçut l'ordre de ne plus s'occuper de lui. Mais elle le faisait en cachette. Quelque temps après, l'homme mourut, on le traîna dehors.

Il rejoignit les autres cadavres entassés dans les fosses communes.

Les blessés écoutent la Radio des Mille Collines. Pour eux, la victoire est certaine. L'ennemi tutsi sera anéanti dans quelques jours. Mais Aline a déjà capté la bonne nouvelle. Elle cherche Sandra et lui dit que le FPR est entré dans le quartier. Devant l'avancée du FPR, les tueurs reculent.

Le 4 juillet, Kigali est libéré. Vers neuf heures, les libérateurs ont déjà pris position devant la maison du CICR. Les miliciens blessés ne le savaient pas encore, ils écoutaient toujours les voix de Kantano et Bemeriki entrecoupées de chansons patriotiques et racistes de Bikindi.

Désormais ce n'est plus un secret, Kigali est tombée.

Le FPR occupe tous les quartiers de la capitale. Soudain le soldat, qui n'avait pas cessé de harceler Sandra, voulut faire ses grands besoins. « Où est cette inyenzi ? Viens ramasser mes excréments » hurla-t-il à Sandra.

Avec un air supérieur, Sandra s'approche de lui et lui dit : « Prends tes excréments et puis mets-les dans ta bouche ».

Les Tutsi se bousculent dehors pour voir les Inkotanyi. On pleure de joie, on s'embrasse et on dit n'importe quoi. Les miliciens, eux, se terrent dans les salles du CICR. Ils ont la chance d'être sous la protection du CICR.

La libération de Kigali est maintenant à la une de tous les journaux internationaux. Les télévisions occidentales font passer des images fantastiques : On voit des soldats du FPR défilant calmement dans Kigali de leur pas élastique. Ils sont minces et grands. Ils sont vêtus de leur uniforme kaki et chaussent des bottes noires en plastique.

Sur la tête, ils portent des casquettes kaki, ce qui les rend encore plus simples. Ils ne brutalisent personne.

Ils sont comme les autres hommes, ils n'ont pas de queues et de longues oreilles comme les avaient décrits la Radio des Mille Collines. Ils n'ont pas éventré des femmes et ils n'ont pas tué les enfants.

Ils transportent même les blessés sur leurs épaules. Beaucoup de rescapés sont comme des squelettes ambulants. Ils semblent revivre malgré tout.

Tous, ils se dirigent vers Kabuga, un camp de réfugiés situé à une vingtaine de kilomètres de la capitale. Tout le monde parle de ces soldats. « Ils sont là pour nous protéger » disent les gens.

Sandra ne pense qu'à une chose : pleurer, pleurer... Elle pleure et se sent seule maintenant. L'hôpital s'est vidé de plus d'un quart des occupants.

Où aller puisque toute la famille a été massacrée ? Deux jours après la mort du président Habyarimana, nos parents avaient été sauvagement massacrés à Gisenyi.

« Puisqu'on n'a pas où aller... »
8 avril 1994

> « Ils ont tué maman. (…) Maman avait reçu une rafale de mitraillette dans la poitrine. Ça faisait une rayure sur son corsage…Et elle avait un petit trou noir à la tempe ».
>
> Svetlana Alexievitch[48].

Depuis plus de trois ans, le nord du Rwanda était devenu hostile aux Tutsi. La peur était grande lorsqu'il fallait se rendre soit à Ruhengeri ou à Gisenyi. Seul le sud du Rwanda restait un abri sûr pour les Tutsi.

Mais cela pour combien de temps ? Georges, mon petit frère, n'a pas vu nos parents depuis plus de trois ans. Il avait fui la région depuis le massacre des Bagogwe.

Il était à l'Université de Butare. Son rêve était de revoir les parents qui vivaient retranchés dans la ville de Gisenyi.

Au mois d'avril, il décide d'aller les voir. Mais il a un drôle de sentiment. Il pressent la mort. Tout le monde parle avec peur.

D'ailleurs on préfère parfois se taire pour ne pas attirer des soupçons. Entre amis, on échange sur ce qui est en train de se tramer. Jour après jour, le massacre des Tutsi devient une chose courante. Les tueurs ciblent leurs victimes.

Georges prend un grand risque. Avant d'arriver à Gisenyi, il faut franchir plusieurs barrages tenus par des militaires. Souvent, les gens disparaissent dans des conditions obscures.

---

[48] Svetlana Alexievitch, *op. cit.*, p. 475.

La semaine dernière, à une barrière située à Musanze, les militaires ont fait descendre un homme d'un car qui se rendait à Gisenyi. Quelques instants après, l'homme a été fusillé et son corps jeté dans les grottes de Musanze.

Depuis la mort du président burundais Melchior Ndadaye, le pays a totalement sombré dans la terreur.

Des marches de soutien au régime s'organisent partout. Les manifestants crient des slogans contre les pourparlers de paix d'Arusha.

Les Tutsi sont assimilés aux assaillants. Les journaux Kangura et la Radio-Télévision Libre des Mille collines appellent à une mobilisation des Hutu contre les Tutsi.

Malgré les signes évidents d'un grand massacre, personne ne bouge. Pour se consoler, les Tutsi se disent entre eux : « Après tout il y a la MINUAR ».

A partir de février 1994, des Tutsi sont tués à Kigali. A l'Université de Butare, les Tutsi sont menacés. Ils se réfugient en ville.

Gisenyi : la frontière entre le Rwanda et la RDC, côté rwandais
(Photos archives personnelles, 2015)

La semaine dernière, Georges m'a écrit une longue lettre de sept pages. Elle a été écrite le 8 mars 1994 :

Cher frère,

Je t'écris cette lettre après……..
« Pense à nous, puisque ce qui se passe au Rwanda fait peur. Chaque jour, pour nous, c'est comme si c'était le dernier. Le lendemain, on est surpris d'être encore en vie ».
Lorsque Bucyana a été tué, tous les Tutsi ont paniqué. Tout le monde pensait que c'était la fin des Tutsi. Un grand nombre de personnes ont été massacrées à Kigali.
A Gisenyi, nos parents ont survécu aux menaces de miliciens de la CDR. J'irai les voir au mois d'avril. Je t'enverrai prochainement mes photos ».
Je me demande s'il faut continuer en licence, ou bien si je dois arrêter et travailler pendant quelque temps. Mon père a besoin de moi, je dois l'aider. Il faudra me dire ce que tu en penses (...).

Georges part à Gisenyi, il fera un aller simple. Il sera tué le 8 avril 1994 avec mes parents.

Tard dans la nuit, comme toute la population, mes parents apprendront la mort du président.

C'est seulement le matin, à 6 heures 30 que le communiqué officiel du ministère de la Défense, diffusé par Radio Rwanda, annonça les circonstances du décès du président Habyarimana.

Une vue des maisons de la ville de Goma, à la frontière avec la ville de Gisenyi (Photo, archives personnelles, 2015).

Communiqué émanant du ministère de la Défense :

« Le ministre de la Défense a la profonde douleur d'annoncer au Peuple rwandais le décès inopiné du Chef de l'État, Son Excellence le Général Major Habyarimana Juvénal survenu ce 6 avril 1994 vers 20 h 30 à Kanombe, l'appareil qui le ramenait de Dar-Es - Salam ayant été descendu pas des éléments non identifiés et dans des circonstances non encore élucidées.
A bord du même avion se trouvait Son Excellence Monsieur Ntaryamira Cyprien, Président de la République du Burundi, qui a trouvé la mort avec deux de ses Ministres qui l'accompagnaient.
Le Chef d'Etat-Major de l'Armée Rwandaise, le Général Major Nsabimana Déogratias, l'Ambassadeur Renzaho Juvénal, le Colonel Sagatwa Elie, le Dr. Akingeneye Emmanuel et le Major Bagaragaza Thaddée et tous les membres de l'Equipage ont aussi péri dans ce sinistre.
Le ministre de la Défense demande au peuple rwandais de ne pas céder au découragement suite à ce douloureux

événement et d'éviter tout acte pouvant porter atteinte à la sécurité publique.
Il demande spécialement aux Forces Armées de rester vigilantes, d'assurer la sécurité de la population et de garder le courage et la clairvoyance dont elles ont toujours fait preuve dans les moments difficiles.
Il recommande également à la population de rester chez elle en attendant de nouvelles directives ».

Ministère de la Défense

Ce communiqué a été rédigé par le lieutenant-colonel Cyprien Kayumba et signé par le colonel Bagosora[49]. Il suivait le modèle des communiqués antérieurs, lors des rafles et grands massacres.

Ce fut le cas par exemple en octobre 1990, lorsque plus de dix mille personnes furent arrêtées, la plupart chez elles, au début de la guerre de libération.

L'ordre de rester à la maison visait à ne laisser personne s'échapper, et d'attendre à la maison la mort certaine.

Gisenyi

Le camp militaire de Gisenyi est situé entre le centre commercial de Gisenyi et l'hôpital. Une prison et un poste de la gendarmerie sont à quelques mètres du camp. Gisenyi était un des postes de l'administration coloniale.

Des villas de l'époque belge gardent leur allure européenne, et s'alignent le long du lac Kivu.

La frontière avec le Zaïre est seulement à quatre kilomètres. Seule une antenne de télévision sur le mont Goma indique qu'on est en territoire zaïrois.

---

[49]Roméo Dallaire, *Shake hands with the Devil*, op. cit., p. 271.

Bien que la ville soit petite elle compte néanmoins deux points d'entrée : la Corniche est située au sud, on l'appelle aussi la grande barrière.

La petite barrière est beaucoup plus animée car c'est là que transitent des marchandises dans les deux sens.

Selon des témoins devant le tribunal pénal international pour le Rwanda (TPIR), dans la nuit du 6 au 7 avril 1994, le commandant du camp militaire de Gisenyi, le colonel Anatole Nsengiyumva a convoqué les autorités et les miliciens locaux au camp militaire de Gisenyi et leur a ordonné de tuer les complices du FPR et les Tutsis.

La tuerie doit être supervisée par le Colonel Anatole Nsengiyumva lui-même ainsi que ses collaborateurs le major François Uwimana S3, le sous-lieutenant Fidèle Udahemuka, chef peloton Cdo de chasse et le sous-lieutenant Abel Rwasa, commandant Cie QG.

A la suite de ce discours, les personnes qui s'étaient rassemblées en ce lieu sont parties vers la ville. Nsengiyumva leur a emboîté le pas.

Au volant d'un véhicule, il a ensuite circulé dans la ville et s'est notamment rendu au quartier belge, à l'aéroport et au stade.

Il demandait alors aux milices Interahamwe et Impuzamugambi qui gardaient des barrages routiers de lui dire comment marchait leur « travail ». Les barrages routiers établis dans la zone devaient être renforcés.

Le major Uwimana François Xavier passait dans tous les quartiers pour superviser les massacres.

Les Interahamwe ont été scindés en dix groupes. Les militaires étaient habillés en civil afin de ne pas être reconnus.

Le 7 avril, dans la matinée, le groupe a attaqué plusieurs enceintes résidentielles dans la ville de Gisenyi, principalement dans la zone située à proximité du camp militaire.

Un groupe de tueurs est dirigé par le sous-lieutenant Rwasa Abel, un autre par le sous-lieutenant Udahemuka Fidèle.

Les tueurs partaient faire leur « travail » et revenaient au camp militaire pour recevoir d'autres instructions. Il fallait prendre des mesures pour empêcher les tutsis de s'enfuir au Zaïre, et pouvoir les identifier aux barrages routiers.

Sur la route, on pouvait voir « beaucoup » de cadavres, dont certains avaient la tête criblée de balles alors que d'autres étaient mutilés à la machette.

Le sept avril mes parents restent à la maison comme l'avait demandé le communiqué de l'état-major de l'armée. Pensant que la crise était de courte durée ils ont pris le soin de faire quelques provisions.

Tout le monde pensait aux années antérieures au cours desquelles les gens pouvaient se réfugier dans des églises et les bâtiments administratifs. Ils espéraient aussi pouvoir se cacher chez des amis hutu.

Ils ignoraient encore l'ordre donné par le colonel Nsengiyumva, d'exterminer tous les Tutsi. Pendant qu'il circulait dans la ville de Gisenyi, Nsengiyumva disait qu'il ne fallait pas cacher des Tutsi. Il a fait savoir aux uns et aux autres que les Tutsis seraient exterminés parce qu'ils venaient de tuer le Président Habyarimana.

Les tueurs circulaient librement dans les quartiers de Gisenyi. Des noms de personnes tuées la veille et dans la matinée du 7 avril étaient maintenant connus.

Mes parents

Aucun plan de fuite n'était envisageable, le quartier était bouclé. Fuir la nuit, chez des voisins hutu, fut la dernière option pour ma famille.

Les parents envoient d'abord Sandrine. Elle avait 9 ans. Les autres membres de famille iraient plus tard à la tombée de la nuit. Sortir la journée était interdit aux Tutsi, seuls les Interahamwe et les militaires pouvaient circuler librement.

Sandrine arrive chez Christophe sans problème. Il habitait dans le même quartier, mais dans une autre rue. Pour y arriver, il fallait traverser 2 rues, surveillées par des tueurs. Christophe est hutu, sa femme, Agnès est tutsi. Le mari est originaire de Gisenyi, sa femme vient de Nyanza. Ils vivent bien, unis et conviviaux. Ce sont des amis de mes parents.

Sandrine est contente de retrouver Gapengeri, Maggy et les autres enfants. Au salon, Christophe et Agnès discutent après avoir dîné. Ils attendent mes parents qui devaient arriver à tout moment. Soudain, des individus frappent à la porte.

Christophe ouvre et se retrouve nez à nez avec trois miliciens armés de machettes et de gourdins. Un des miliciens porte un pistolet. Celui-ci tonne : « ta femme est tutsi, toi tu es un traitre, tu dois mourir ».

Christophe croit qu'en leur donnant un peu d'argent, ils se calmeraient. Il voulut retirer le porte-monnaie. Ce geste fut mal interprété par le milicien qui pensait que Christophe avait une arme sur lui. Il tira sur lui et sur sa femme.

Christophe et Agnès tombèrent par terre, ils sont morts sur-le-champ. L'enfant qu'Agnès portait dans les bras fut gravement blessé, et continuait de pleurer.

Leur sang coule et descend tout droit dans la chambre où se trouvaient les enfants. Les trois miliciens quittent la maison et se lancent à la chasse de Tutsi.

Cette nuit-là, mes parents n'ont pas pu quitter la maison. Ils se sont cachés dans une maison d'en face, vide. La propriétaire avait été évacuée par son gendre. Il travaillait à la brasserie de Gisenyi.

Ils sont restés là toute la nuit. Le matin, c'était le 8 avril, un groupe de miliciens rodaient dans le quartier. Il s'agit d'un quartier très populaire, dit quartier belge, « ibereshi ». On y trouve principalement des musulmans et des commerçants.

Des Interahamwe bien connus étaient là : Saidi Harerimana connu sous le nom de Fulgence, Hassan Gitoki, Michel Kiguru et Bernard Munyagishari[50] le président des Interahamwe de Gisenyi.

Une voisine, la femme de Moubarak est également présente. Elle est responsable des Interahamwe du quartier. Elle savait où se cachaient mes parents, et en avait parlé aux autres miliciens. « Allez voir dans cette maison, il y a des cafards » a-t-elle dit.

Deux miliciens s'y sont rendus et ont jeté à l'intérieur une grenade. Celle-ci n'explosa pas. Mon frère Georges ramassa la grenade et la jeta dehors. Elle tomba sur les deux miliciens, et explosa immédiatement. Ce fut la panique, les miliciens s'empressèrent d'aller demander des renforts.

Les renforts arrivèrent sans tarder. Des militaires jetèrent plusieurs grenades à l'intérieur. Le toit et les murs s'écroulèrent. Une sorte de fumée se dégagea de l'intérieur.

Mes parents sont morts déchiquetés, méconnaissables. Après le massacre, les autorités ordonnèrent de nettoyer les lieux. Tous les corps furent donc entassés dans une camionnette et acheminés vers des fosses communes creusées dans un ancien cimetière de la ville. On y jetait des corps, certaines personnes étaient enterrées vivantes.

Le préfet intérimaire, André Banyurwabuke et le major Biganiro commandant de la gendarmerie de Gisenyi firent un bilan des massacres perpétrés le 8 avril. Mes parents, des voisins comme Gaudiose Semucyo, grossirent le nombre des victimes. Le préfet annonça solennellement : « Des Tutsi ont été tués dans le quartier appelés « mu Makoro ».[51]

---

[50] Bernard Munyagishari a été arrêté en RDC le 25 mai 2011 et transféré au Rwanda par le TPIR le 24 juillet 2013. Il a été condamné à perpétuité par la Haute Cour du Rwanda, le procès en appel.
[51] Le corps de Gaudiose Semucyo a été retrouvé en avril 2014, dans une fosse commune à quelques mètres du mémorial de Gisenyi, dit Commune Rouge. Il a pu être identifié grâce à sa carte de travail retrouvée dans son

Entre temps, Sandrine avait quitté la maison et errait dans la ville. C'est là qu'elle a croisé le véhicule de la Croix Rouge qui l'amena à l'orphelinat de Nyundo. Là, elle a trouvé d'autres enfants abandonnés.

Mais la situation devenait très dangereuse à Nyundo. Des massacres continuaient inexorablement. La direction de l'orphelinat transféra tous les enfants à Goma. De là, Sandrine m'avait écrit :

Goma, le 14 mai 1994

Je suis à Goma dans un orphelinat avec les enfants de Christophe. C'est une religieuse qui m'a demandé si j'avais un membre de famille en dehors du Rwanda. Je lui ai parlé de toi, et elle m'a dit de t'écrire.
J'ai vu des choses horribles, des morts partout. J'ai appris aussi que papa, maman, Jean Paul, Sonia et Célestin ont été tués à Gisenyi.
Ne te fais pas de soucis, on nous donne à manger, et puis les autres enfants me prêtent leurs habits.
Toi aussi courage, il faut bien réussir tes études, je prie pour toi[52].
Sandrine.

Mes parents, des amis et autres connaissances furent sauvagement assassinés, certains chez eux, d'autres en tentant de fuir.

---

pantalon. J'ai pensé alors que probablement les corps des miens étaient dans la même fosse commune. Aucun signe ne pouvait permettre de les identifier. Cette fosse commune avait été dissimulée par des génocidaires qui avaient construit des maisons au-dessus.
[52] Depuis octobre 1993, j'étais à Rome, à l'Université grégorienne pour une spécialisation en philosophie. J'ai présenté ma thèse de doctorat en 1997.

Le site mémorial du génocide érigé à l'endroit appelé « Commune Rouge », dans la ville de Gisenyi (Photo archives personnelles, 2011).

Un trou dans le mur

Avril-Mai 1994

> « Les miliciens hutu Interahamwe, eux, mirent en application des consignes précises : aller de maison en maison, certaines d'entre elles avaient déjà été marquées d'une croix. »
>
> Colette Braeckman[53]

Dès janvier 1991, le nord du Rwanda avait été le théâtre de massacres commis contre les Tutsi. Ceux qui le pouvaient étaient partis.

Une partie de ma famille avait fui à Nyanza, loin des massacres. Alessandra, Salomé, mes deux jeunes soeurs vivaient avec Claudette, l'aînée de famille.

Leur logement était constitué d'un immeuble moyen, d'aspect colonial. Malgré son étroitesse, le petit bâtiment avait deux niveaux. La partie supérieure était constituée de chambres.

Mariée avec Pierre, Claudette était employée de banque à Kibuye. Pierre, son mari, travaillait à Nyanza. Tous les vendredis, Claudette rentrait à Nyanza et repartait dimanche soir.

Nyanza fut la capitale du royaume du Rwanda. Reliée à la grande route par une piste poussiéreuse, Nyanza était une ville à l'abandon. Le centre commercial était très pauvre, des édifices croulants.

---

[53] Colette Braeckman, *op. cit.*, p. 40.

La tombe du roi Mutara Rudahigwa avait été préservée. Sa résidence, l'«urukari» avait survécu aux incendies de 1959. Le nouveau palais royal venait d'être achevé lorsque le roi est décédé dans des conditions suspectes. Il était à Bujumbura pour un contrôle médical banal.

A Nyanza, se trouvait un petit nombre d'adhérents aux partis MRND et CDR. La plupart appartenait au MDR. Avec le temps, plusieurs personnes adhéreront aux idéaux extrémistes du MRND et de la CDR.

Le recrutement était effectué par des gens du nord. Ces derniers occupaient des postes stratégiques dans les institutions publiques de Nyanza.

On les retrouve à la laiterie de Nyabisindu, à l'Electrogaz, et dans les cours et tribunaux. Ils dirigent les services de sécurité, l'armée et le renseignement.

La nuit du 6 avril 1994, Claudette était à Kibuye. Le lendemain, son mari alla la chercher. C'est seulement au retour que les choses se compliquèrent. Il y avait des centaines de barrières entre Kibuye et Gitarama.

Les gens tuaient sur les barrières et plusieurs corps sans vie étaient alignés et visibles. Les tueurs s'acharnaient sur tous ceux qui avaient une carte d'identité avec la mention Tutsi.

Pour franchir la barrière, il fallait donc montrer sa carte d'identité. Pierre n'était pas recherché, mais sa femme Claudette était Tutsi.

Lorsqu'ils furent arrêtés, Pierre dut expliquer que Claudette était sa femme et qu'il l'emmenait à l'hôpital pour des soins. Les premiers jours, on pouvait passer, par chance. C'est ainsi qu'ils arrivèrent à Nyanza le 8 avril dans la soirée.

Les barrages routiers ont été établis à Nyanza aux alentours du 21 et du 22 avril 1994. Une barrière était installée devant le collège Christ-Roi, les deux autres, dans la cellule de Mugonzi.

Dans la matinée du 3 mai, des assaillants ont tué plusieurs Tutsis dans cette cellule.

Parmi les victimes se trouvait le docteur Gallican Kayigema et ses deux filles, une femme enceinte du nom de Yolande, son mari et leurs deux enfants.

Au début, Pierre pensait qu'il pouvait rester à Nyanza, avec la famille. Un jour, un ami est venu le voir à la maison. Il lui apprit qu'il avait vu son nom sur la liste de ceux qui devaient être tués.

On l'accusait de ne pas participer aux réunions qui préparaient les massacres. Mais, surtout, il devait être tué parce qu'il avait épousé une femme tutsi.

Il resta à Nyanza avec la famille. Il pensa que c'était mieux de ne pas se cacher, les tueurs cesseraient ainsi d'avoir des soupçons à son égard.

Il avait creusé un grand trou dans le mur, que couvrait une armoire. Claudette et les enfants étaient dans ce trou pendant la journée. C'est là que Pierre les nourrissait et veillait sur elles. La nuit elles pouvaient sortir du trou.

Comme il y avait trop de risques à Nyanza, ils envisagèrent de se réfugier à Butare. Au moins, là, ils n'étaient pas connus.

Mais, comment sortir de Nyanza, les barrières étaient érigées partout. On ne peut sortir sans se faire arrêter.

Un certain Tubirimo, originaire de Ruhengeri avait installé une barrière à la sortie de la ville. Les voitures étaient minutieusement fouillées. Pierre s'installa au volant de sa voiture, mit Claudette dans le coffre, les deux enfants Alessandra et Salomé occupèrent le siège arrière.

Ils allaient à Rubona, à mi-chemin entre Nyanza et Butare.

Ils passèrent la première barrière, celle réputée être la plus dangereuse. Par chance, Tubirimo n'était pas à cette barrière. Il connaissait Pierre, il avait travaillé auparavant à la forge gouvernementale. Après plusieurs années à la tête de cet établissement public, Pierre l'avait remplacé depuis janvier 1994.

Tubirimo savait que Claudette était encore en vie. Les autres miliciens ne le savaient pas.

Au bout de quinze minutes de route, Rubona était visible, de loin. Encore 5 kilomètres, et ils arrivaient.

A proximité de Rubona, il y avait une autre barrière à Rugogwe. Ils furent arrêtés, quelqu'un reconnut Pierre. Il insista pour vérifier le coffre de la voiture.

Pierre expliqua que son coffre était vide. « Où est ta femme ? » lui lança le milicien. Il répondit qu'elle avait été tuée à Nyanza. « Des Hutu comme toi doivent être tués, tu es un traître » cria le milicien.

Cette phrase, Pierre l'entendra plusieurs fois. Avoir un peu d'humanité et de bon sens devenait des antivaleurs pour les génocidaires. L'ivresse du sang avait noyé le peu d'intelligence qui leur restait.

Sur le siège arrière, Alessandra et Salomé étaient immobiles, mortes de peur. Les tueurs recherchaient Claudette, le reste ne les intéressait pas. « Ouvrez le coffre ! » tonnait le milicien.

Pierre dit que le coffre s'ouvrait de l'intérieur et qu'il devait donc remonter dans la voiture. Son idée était de redémarrer et de foncer vers Rubona.

Au moment où il allait monter dans la voiture, un véhicule militaire venant de Kigali s'arrêta soudainement à la barrière. Les miliciens racontèrent aux militaires qu'ils avaient arrêté un traître.

Un des militaires ordonna aux miliciens de laisser passer Pierre. « Il est Hutu comme vous » lança un militaire. « On vous a demandé de tuer les Tutsi, pas les Hutu » ajouta-t-il.

A Rubona, des milliers de Tutsi avaient été massacrés. Seules quelques familles se cachaient encore dans les bâtiments de L'ISAR. Pendant la journée, les gens se cachaient dans la brousse.

Il pleuvait beaucoup et les miliciens restaient la plupart du temps sur les axes routiers. L'ISAR était un institut de recherche agronomique et disposait de plusieurs champs et de forêt. Des milliers de personnes furent massacrées dans les champs et les forêts. Les fosses communes avaient été creusées dans ces champs.

Aller à Rubona, c'était comme se jeter dans la gueule du loup. Le Directeur de l'ISAR était un extrémiste qui tuait impitoyablement. Charles Ndereyehe Ntahontuye était un des fondateurs du parti extrémiste, CDR[54]. Il supervisait lui-même les massacres, et avait mobilisé des moyens pour conduire les tueries.

Rubona devenait dangereux, il fallait se réfugier à Butare. Du 7 au 21 avril 1994, la région de Butare avait été épargnée par le génocide.

A partir du 21 avril, après le discours de Théodore Sindikubwabo, président par *interim*, le génocide déferlera dans cette région.

Ils allèrent donc à Save chez un ami Hutu, Claver Ruhanga. Celui-ci accepta de les héberger pour une ou deux nuits.

Des consignes furent données, les Hutu qui cacheraient des Tutsi seraient eux aussi tués. Ils décidèrent alors de retourner à Nyanza, et mourir là.

Le lendemain, Claudette monta dans le coffre arrière, les enfants occupaient le siège arrière.

Les barrières étaient toujours en place au même endroit. Cette fois-ci, ils passèrent tous les contrôles et arrivèrent à

---

[54] Charles Ndereyehe Ntahontuye était parmi les fondateurs du Cercle des Républicains Progressites, un mouvement qui sensibilisait les étudiants à préparer le génocide, à l'université nationale du Rwanda. Ce mouvement sera à l'origine de la CDR, un parti extremiste. Ndereyehe a ordonné le massacre de plus de 300 personnes à l'ISAR Rubona. Il a été condamné *in absentia* à une peine d'emprisonnement à vie, après avoir été reconnu coupable de génocide. Fugitif depuis 1994, il vit aux Pays-Bas. Il est recherché par la justice internationale.

Nyanza tard dans la nuit. Les tueurs rentraient chez eux pour se reposer avant de revenir très tôt le matin.

Plusieurs personnes avaient été assassinées à Nyanza et personne ne pensait plus à Pierre ni à Claudette. Ils s'installèrent dans la maison vide, tous les biens avaient été pillés.

Le 4 mai, trois religieux, Jean-Bosco Yirirwahandi, Innocent Nyangezi et Callixte Uwitonze furent enlevés à l'orphelinat Saint-Antoine de Nyanza et tués.

Le 22 mai, huit enfants qui se cachaient à l'orphelinat Don Bosco à Cyotamakara furent également tues.

On entendait au loin des bruits de bombes qui s'abattaient de temps en temps sur l'une et l'autre colline qui surplombent Nyanza. Les combats entre les FAR et les soldats du FPR s'approchaient de Nyanza. Cela dura plusieurs jours. Les FAR avaient été chassé de Nyanza, le FPR continuait la guerre contre les génocidaires.

Tout le monde avait faim et soif. Dans la maison, il n'y avait plus rien à manger. La faim devint irrésistible, ils décidèrent de se livrer aux tueurs. Ils n'étaient pas au courant de ce qui s'était passé. Ils étaient sauvés, mais l'ignoraient.

Claudette ouvrit la fenêtre, vit deux soldats qui se tenaient près de la clôture.

Elle fit signe en agitant son bras. Les deux militaires vinrent vers elle, lui demandèrent si elle était seule.
Ils entrèrent dans la maison, posèrent quelques questions : « Depuis combien de jours êtes-vous dans cette maison ?». Mais, tout le monde tremblait de peur. « N'ayez pas peur, nous sommes des « Inkotanyi », nous sommes ici pour vous sauver. » dit un militaire.

Tous pleurèrent de joie, embrassèrent les deux libérateurs. Ils leur donnèrent de l'eau et des biscuits.

La région comportait encore des tueurs isolés, les deux militaires les emmenèrent avec eux et les regroupèrent dans des endroits plus sûrs.

Les rescapés vivaient ensemble, partageaient la nourriture et l'eau qui venait au compte-gouttes.

Ils vécurent d'abord à Tumba, dans la périphérie de Butare. Ils attendirent la fin de la guerre pour quitter Butare.

La vie allait-elle reprendre ? Comment et où ?

Nyanza : flèche indiquant le grenier qui servit de cachette à une partie de ma famille en 1994 (Photo archives personnelles, 2009).

Le soldat

Juillet 1997

« Je n'oublierai jamais la façon dont les soldats de l'armée patriotique rwandaise (APR) m'ont sauvée là à une époque où les FAR (Forces armées rwandaises) et les milices Interahamwe nous avaient transformés en otages dans les forêts de l'ex-Zaïre »

Agnès Mukamana[55]

Les FAR et les milices Interahamwe tuaient tous ceux qu'ils considéraient comme des Tutsi. Le gouvernement utilisait l'armée, la gendarmerie, la police communale et les miliciens pour tuer. Ils détruisaient les maisons des Tutsi, avant de les massacrer. L'implication des populations civiles dans les massacres est sans précédent. Les extrémistes tuent dans toutes les communes.

Le génocide contre les Tutsi se déroulait au grand jour, aux yeux de tout le monde. L'ONU avait retiré son contingent laissant les Tutsi entre les mains des bourreaux[56].

---

[55] Agnès Mukamana évoque l'horreur qu'elle a vécue dans les forêts congolaises, et dénonce les fanatiques génocidaires qui l'y ont poussée.
[56] Le Conseil de sécurité avait réduit les troupes de la MINUAR de 1700 à 270 éléments, Rés. 912 du 21 avril 1994.

Arrêter le génocide

La campagne de l'Armée Patriotique Rwandaise (APR) contre le génocide avait débuté le 9 avril 1994, pour tenter de sauver des vies et d'arrêter le génocide[57].

L'APR a mis fin au génocide, son courage à combattre les assassins avant, pendant et après le génocide a permis de vaincre la machine génocidaire au Rwanda. « Les guerriers rentrés d'exil n'avaient pas seulement défait le régime génocidaire et ses alliés français. Au prix du sacrifice suprême, ils avaient ramené au pays l'âme de l'ancien Rwanda qui planait au-dessus des charniers »[58].

Ici et là, on voit un militaire de l'APR tenant en main un enfant, qu'il tente de sauver, tout en affrontant les balles qui proviennent des forces opposées.

Les rescapés ne doivent leur salut qu'à la détermination de jeunes soldats de l'APR dont plusieurs seront tués durant la campagne contre le génocide.

Fin avril, les FAR essuient leurs premiers revers sur le front Est. Mises à mal par l'APR, les forces génocidaires doivent impérativement reculer.

La chute du camp militaire de Kanombe et de l'aéroport le 22 mai 1994 sonne le glas de cette armée de tueurs qui se replie vers l'ouest de la ville de Kigali, sur le mont Kigali.

Les FAR forcèrent la population à fuir Kigali. Les extrémistes Hutu prennent en otage les populations et les obligent à fuir, contribuant ainsi à une grande misère pour les populations innocentes. Des milliers de personnes se mirent sur la route de l'exil servant de bouclier humain à une armée de tueurs.

---

[57] Linda Melvern, *a people betrayed, The role of the West in Rwanda's genocide*, Zed Books, London 2000, p. 245.
[58] Colette Braeckman, *Rwanda. Mille collines, mille douleurs*, Collection L'ame des peuples, Ed. Nevicata, Bruxelles, 2014, p. 44.

A Kabeza

La journée s'annonçait ordinaire pour Agnès. Le génocide contre les Tutsi a commencé lorsqu'elle vivait à Kabeza près du camp militaire de Kanombe. Son mari est lieutenant des FAR, il a en charge une unité de combat au camp militaire de Kanombe.

Un certain nombre de familles de militaires avaient, dès le 7 avril fui vers le camp militaire de Kanombe et de là, ils sont allés au Zaïre.

Agnès et ses deux enfants étaient transportés dans des camions de l'armée. Ils ont eu le temps de prendre des effets personnels, mais aussi des vivres. « Les FAR nous ont forcés à fuir le pays après avoir exterminé les Tutsis. J'ai vu où des Tutsi avaient été tués par les taches de sang séchées, principalement sur les ponts près des rivières », témoigne Agnès.

La station de radio RTLM[59] disait aux gens de se dépêcher de fuir, les exhortant à éviter les routes communes. La propagande de la RTLM disait que ceux qui ne partiraient pas tout de suite seraient massacrés par les Inkotanyi.

De leur côté, les FAR mentaient aux gens qu'ils fuyaient temporairement pour pouvoir se réorganiser, et permettre à la population de rentrer chez elle.

En effet, des milliers de réfugiés fuyaient leurs villages parce qu'ils voyaient beaucoup de militaires s'enfuir.

Une catastrophe à l'horizon

A peu près 250,000 personnes traversent la frontière tanzanienne le 28 et 29 avril 1994 encadrées par leurs

---

[59] Créée en 1992, par des extrémistes hutu, la Radiotélévision des Milles Collines faisait la propagande en faveur de l'extermination des Tutsi.

bourgmestres. Ce sont ces autorités qui avaient poussé des Hutu à massacrer leurs voisins Tutsi. Les anciennes autorités s'installeront dans les camps avec les réfugiés. Ils assureront le contrôle des camps[60].

L'exode massif des populations civiles masquait le génocide des Tutsi qui continuait pourtant dans plusieurs régions du Rwanda. Les médias internationaux braquèrent leurs projecteurs sur cet exode, peu parlent du génocide en cours.

Parmi les réfugiés, plusieurs avaient participé au génocide, ils avaient la mauvaise conscience de ce qu'ils venaient de faire. Des innocents Hutu suivaient les tueurs sans savoir réellement pourquoi il fallait fuir.

Le gouvernement intérimaire, responsable du génocide agitait le spectre de représailles à tous les niveaux. Mais en réalité, ils voulaient fuir leurs responsabilités. Ils venaient de commettre un génocide.

Une fois que les FAR et le gouvernement avaient réussi à mettre en mouvement les foules de réfugiés, ils pouvaient bien s'y faufiler pour ne pas être identifiés.

Fuir. Mais, pourquoi ?

De nombreux réfugiés ont quitté Kigali, passé par Gitarama, continué vers Butare, Gikongoro et Cyangugu. Les soldats français ont dans un premier temps encouragé les génocidaires à passer à l'offensive, et puis à fuir dans la zone turquoise qui leur servira de sanctuaire.

---

[60] Comme l'a noté Alain Destexhe, à l'époque Secrétaire général de Médecins sans Frontières, la présence des militaires et des miliciens dans les camps posait « un problème éthique majeur « aux organisations humanitaires et à la communauté internationale (Rwanda, *Essai sur le génocide*, p. 83). Tout le monde se demandait alors si la présence des organisations internationales et d'autres ONG dans les camps n'allait pas « consolider l'ancien pouvoir et entretenir un conflit interminable ? ».

Des milliers de soldats ainsi que les génocidaires trouvèrent refuge dans cette zone créée par l'Opération Turquoise. Celle-ci se voulait pourtant humanitaire. La zone turquoise avait été établie dans les préfectures de Gikongoro, Cyangugu et Kibuye[61].

A partir du 14 juillet 1994, à peu près 6,000 personnes par heure entrent dans la Zone Turquoise, y compris les FAR, les milices Interahamwe et le gouvernement intérimaire.

Une fois arrivés à Cyangugu, ils ont traversé tranquillement, et ont atteint Bukavu.

D'autres réfugiés ont quitté Kigali, sont passés massivement par Ngororero pour continuer leur route vers Gisenyi.

Plusieurs massacres ont été commis durant cet exode, notamment sur le pont de la Nyabarongo dans les environs de Kigali, à Kamuhanda près de Ruyenzi, Runda, Murambi, Gatumba et à Kesho dans l'ancienne sous-préfecture de Ngororero.

A peu près 2000 Tutsi avaient trouvé refuge sur la colline de Kesho dans le secteur de Rwili, à Gaseke[62]. Tous ont été massacrés notamment lorsque les membres du gouvernement et les militaires ont atteint cette région.

---

[61] Le Conseil de sécurité des Nations Unies, Res. 929 autorisant le déploiement de l'opération turquoise. La mission était limitée à 2 mois pour permettre à MINUAR II de se déployer et se voulait strictement humanitaire. En réalité, il s'agissait d'une mission militaire pour contrer l'avancée du FPR et pour la réorganisation des FAR en déconfiture. Le réarmement des FAR a continué pendant cette opération.

[62] Le massacre de Kesho est attribué à Zigiranyirazo Protais, que le Tribunal pénal international pour le Rwanda avait condamné à 20 ans de prison le 18 décembre 2008. Dans une décision pour le moins absurde la Chambre d'appel du TPIR, l'acquittera de cette charge. (Procureur c. Zigiranyirazo, affaire ICTR-01-73). Cette décision et d'autres prises par la Chambre d'appel constituent une pilule amère que le président de cette Chambre, le juge Theodor Meron a fait avaler aux rescapés du génocide perpétré contre les Tutsi.

Entre le 13 et 14 juillet 1994, plus d'un million de réfugiés traversent la frontière zaïroise. On compte parmi les réfugiés, 50,000 FAR et 20,000 miliciens Interahamwe.

Une fois au Zaïre, le HCR a installé ces milliers de gens dans des camps au sud et nord Kivu. Ceux qui sont entrés par Bukavu et Kamanyola furent installés dans les camps de Panzi et Kashusha.

Au nord Kivu, les réfugiés étaient installés près de Goma dans les camps de Mugunga, Kahindo, Katale, Kibumba et Lac vert. D'autres réfugiés étaient à Tingitingi entre Walikale et Kisangani.

Les FAR ont continué à pousser les réfugiés dans les forêts denses du Congo et beaucoup sont morts d'épuisement, de faim et de soif, tandis que d'autres se sont noyés en essayant de traverser les grands fleuves congolais.

Parfois, lorsque les gens ne pouvaient plus marcher ou traverser de grands fleuves, les Interahamwe et les soldats qui avaient encore leurs armes tiraient pour qu'ils se précipitent ou traversent plus vite pour éviter d'être massacrés.

Agnès et ses deux enfants

Agnès et ses enfants s'étaient établis dans le camp de réfugiés de Mugunga. Elle ne voulait plus retourner au Rwanda.

Elle pensait qu'elle ne retournerait jamais au Rwanda. « Lorsque les soldats rwandais sont arrivés pour rapatrier des réfugiés, j'ai continué à marcher vers Sake. Mon mari portait un enfant et j'en portais un autre », raconte Agnès.

« C'est la dernière fois que j'ai vu mon mari, il était avec les FAR qui, disaient-ils se réorganisaient pour attaquer le Rwanda[63].

---

[63] Le mari d'Agnès a confié l'enfant à une famille d'amis. Agnès a pu le

Beaucoup de gens sont rentrés chez eux ; d'autres, y compris moi-même, ont continué à fuir avec les FAR et les Interahamwe. »

Et encore : « J'ai décidé d'aller dans la forêt à cause de la vie que j'avais au Rwanda auparavant, et surtout du fait que mon mari était un FAR, et mon père député du parti MRND responsable du génocide des Tutsis. Dans les forêts, nous avons utilisé des abris construits par les Congolais pour nous protéger de la pluie. »

Des biscuits

Personne ne sait d'où vient l'aide quand la vie est en danger, dit Agnès.

« Une nuit, j'ai fui notre emplacement et je suis entrée dans la forêt en fuyant le Rwanda. Mes cheveux étaient infectés par des poux, j'étais en haillons. Un soldat m'a donné des biscuits. » Elle n'en revient pas ! Elle s'attendait à être tuée.

Que croyait-elle savoir à propos des Inkotanyi ? Qu'elle devait les haïr. Que pouvait-elle savoir d'autre ? Là, elle va découvrir la vérité.

Agnès se souvient : « En courant, j'ai rencontré un soldat qui m'a demandé où j'allais. Il a immédiatement commencé à parler le kinyarwanda et m'a demandé ce que je fuyais.

Le soldat m'a trouvé avec un enfant que je portais sur mon dos et mon petit frère qui fuyait avec moi.

Je lui ai dit que je fuyais les *Inyenzi*. Il a répondu : « Que t'ont-ils fait ces Inyenzi ? »

J'ai pensé que c'était la fin pour moi. J'ai ajouté qu'il n'était pas nécessaire qu'il pose trop de questions, nous les fuyions « eux » et il devrait juste me tuer maintenant qu'ils nous avaient pris.

---

récupérer grâce au HCR.

Il m'a dit qu'ils n'étaient pas venus pour tuer des gens, mais plutôt pour rapatrier des réfugiés. Il s'est approché de nous, a examiné mon enfant et m'a demandé de lui dire ce qui s'était passé. Je ne sais pas par quel signe il avait l'habitude d'appeler ses collègues, mais j'ai vu beaucoup de soldats sortir vers nous.

Il nous a donné des biscuits à manger et nous a dit de les suivre. Sur le chemin, nous avons rencontré d'autres soldats qui portaient un malade sur une civière fabriquée en bois. Ils avaient utilisé une couverture partiellement brûlée. Ils portaient le malade, derrière suivaient une femme et un enfant. »

Ils ont marché pendant environ trois heures. Les réfugiés ignoraient où on les amenait. Ils se demandaient pourquoi ces soldats prenaient la peine de porter quelqu'un presque mort.

Agnès témoigne : « Ils ont allumé un feu, puis j'ai vu une autre personne venir faire une injection au malade. Je pensais qu'ils venaient de le tuer mais n'ont rien dit. Ils m'ont dit de rester là-bas. Ils nous ont montré une maison, et nous ont demandé de les appeler dans le cas où il y aurait un changement dans l'état du malade ».

Vers 3 heures du matin, le malade a commencé à bouger la tête, il a demandé où on était et comment on y était arrivé. Les autres réfugiés lui ont expliqué ce qui s'était passé.

Vers 5 heures du matin, deux soldats sont venus les voir et ont réalisé que le malade allait mieux. L'un d'eux est parti et a ramené du porridge de maïs.

Le malade a mangé. Les soldats les ont acheminés vers un point de rassemblement. Agnès se souvient : « Ils nous ont emmenés dans un endroit dont je ne me souviens plus, mais l'endroit ressemblait à une école ou une mission religieuse. Là, j'ai rencontré d'autres réfugiés ».

Les réfugiés étaient nombreux, on les a mis sous la responsabilité du HCR pour les ramener au Rwanda.

Agnès se souvient : « Nous faisons la file, attendant de monter à bord de l'avion. Tous, nous sommes montés dans l'avion et sommes revenus au Rwanda ».

Au Rwanda, les réfugiés ont été immédiatement emmenés au Centre Hospitalier de Kigali (CHK) où ils ont reçu une aide médicale.

Une fois qu'ils ont été soignés, ils furent installés provisoirement à Nkamira pour reprendre des forces. Le HCR et le gouvernement rwandais continuaient de s'occuper d'eux.

Agnès a quitté Nkamira pour rentrer chez elle.

Elle raconte : « Lorsque je suis arrivée chez moi, j'ai trouvé de nombreux Hutu : mes parents, proches et voisins, essentiellement tous ceux que je connaissais et qui n'avaient pas fui le pays ».

Ceux qui étaient dans les camps de Tingitingi et Mugunga étaient revenus en 1996. Ils vivaient chez eux et avaient cultivé leurs champs. Ils ont accueilli ceux qui sont rentrés plus tard.

Agnès s'est reprochée d'avoir attendu si longtemps avant de revenir : « Notre maison était la plus remarquable par rapport à d'autres maisons sur notre colline. J'ai été surprise de constater qu'aucun de mes proches n'a été maltraité. Au contraire, j'ai constaté que ma mère avait été élue responsable de la cellule administrative de Kinunga où je suis née. Elle a été choisie parce qu'elle savait lire et écrire, » dit Agnès.

Les camps de la terreur

Les FAR et les miliciens Interahamwe continuaient de s'entraîner dans les camps de Buronge et de Panzi, au Zaïre.

Selon des témoins, il y avait des gens qui allaient dans chaque tente, appelés communément Burende pour collecter de la nourriture soi-disant destinée aux soldats qui s'entraînaient en vue d'attaquer le Rwanda.

Ces militaires répandaient de fausses rumeurs dans les camps, selon lesquelles il n'y avait plus de Hutu au Rwanda, qu'ils avaient été sauvagement tués par les Inkotanyi.

Pourtant la majorité de la population hutu était restée au Rwanda.

Comme dans les camps de Bukavu, les FAR et les Interahamwe continuaient d'enseigner la haine des Tutsi et interdisaient aux gens de retourner au Rwanda.

Les ex-FAR sont restés dans les camps, jusqu'à leur défaite par l'Alliance des forces démocratiques pour la libération du CONGO (ADFL) et ses alliés.

Des témoins ont fait état d'un nettoyage ethnique dans les camps. Un petit nombre de Tutsi avaient échappé aux massacres, ils avaient suivi les autres réfugiés au Zaïre.

Les rumeurs, la suspicion feront qu'un jour ces rescapés soient arrêtés et tués dans les camps. Les corps étaient jetés dans le lac Kivu.

Des Zaïrois tutsi étaient également massacrés dans les environs de Mugunga et Tingitingi.

Les FAR avaient établi des barrières sur les grands axes à la sortie de Goma. Les véhicules étaient fouillés pour chercher des Tutsi. Des fois, des gens se faufilaient au milieu de sacs de pommes de terre pour échapper à ces fouilles.

Continuer le génocide.

L'encadrement militaire et politique des camps et la terreur qui y régnait incitaient les réfugiés à renoncer au retour volontaire au Rwanda. Ils se préparaient à la guerre et au massacre des Tutsi[64].

On peut dire, à quelques exceptions près, que la majorité soutenait l'invasion du Rwanda et la continuation du génocide.

La mobilisation contre le retour au Rwanda était assurée par le Rassemblement pour le retour des réfugiés et la démocratie au Rwanda (RDR).

Ce mouvement était actif dans les camps, et à l'étranger. Le RDR avait établi des bureaux en France, en Belgique, aux Pays-Bas, en Allemagne et au Canada pour mobiliser les fonds et chercher le soutien de la communauté internationale.

Les fondateurs du RDR étaient principalement des extrémistes Hutu de l'ancien régime et des génocidaires fugitifs[65].

---

[64] Le 3 avril 1995, un groupe d'extrémistes du camp de Mugunga crée le Rassemblement pour le retour des réfugiés et la démocratie au Rwanda (RDR). Ce mouvement justifiait le génocide des Tutsi et se prenait pour victime. On a les premiers pas du négationnisme structurel du génocide des Tutsi.

[65] Le général Augustin Bizimungu, a été reconnu coupable de génocide et extermination en tant que crime contre l'humanité et condamné par le TPIR à 30 ans de prison. Charles Ndereyehe Ntahontuye est réfugié aux Pays-Bas, il est recherché par la justice rwandaise pour génocide commis à l'ISAR Rubona et dans d'autres régions du Rwanda.

Une structure militaire, l'ALIR - Armée de libération du Rwanda[66] - et sa branche politique PALIR[67] furent créés dans les camps, sur demande du général Augustin Bizimungu 1996[68].

L'ALIR était composée de militaires génocidaires, à la tête le général Augustin Bizimungu, le major Sylvestre Mudacumura, le major Ntirikina, le colonel Ntiwiragabo et le colonel Théoneste Renzaho[69].

Tous ces mouvements extrémistes créés dans les camps se sont organisés pour continuer les massacres au Rwanda et reprendre le pouvoir.

Il y a eu à cette époque des incursions terroristes des « Abacengezi » dans les régions du nord-ouest du Rwanda

---

[66] L'ALIR s'est transformé en Forces démocratiques pour la libération du Rwanda (FDLR), mis sur la liste des mouvements terroristes. Ce brusque changement de nom s'est fait en 1999 après l'assassinat de touristes américains et européens au sud-ouest de l'Ouganda au parc de Bwindi par ALIR. Ce dernier était mis sur la liste des organisations terroristes. En mai 1997, ALIR était sous le commandement du lieutenant-colonel Paul Rwarakabije et lieutenant-colonel Léonard Nkundiye, ancien commandant de la garde Républicaine. A l'origine des FDLR on retrouve les mêmes génocidaires, le colonel Tharcisse Renzaho, le colonel Aloys Ntiwiragabo, Hyacinthe Nsengiyumva Rafiki ministre des travaux publics dans le gouvernement génocidaire, réfugié en France. (Instruction en cours).

[67] Parti pour la Liberation du Rwanda.

[68] Cette nouvelle structure était encadrée par le Colonel Juvénal Bahufite, ancien ops de Byumba, le major Aloys Ntabakuwe, ancien commandant du camp para de Kanombe et le major Emmanuel Neretse officier de liaison entre le RDR et l'armée génocidaire, tous basés à Nairobi. (Rakiya Omaar, *op. cit.*, p.39).

[69] Renzaho est l'architecte du génocide dans la ville de Kigali, Kibungo et ses environs. Il a été reconnu coupable de génocide et condamné l'emprisonnement à vie. Voir Rakiya Omaar, the leadership of Rwandan armed groups abroad with a focus on the FDLR and RUD/URUNANA, décembre 2008, p. 37.

et plusieurs Tutsi ont été sauvagement massacrés par les infiltrés[70].

Il faut agir avant qu'il ne soit trop tard !

Les auteurs du génocide, en planifiant un exode forcé de la population, avaient provoqué une catastrophe humanitaire de grande envergure.

Les conditions de vie dans lesquelles les réfugiés vivaient étaient insoutenables. Une épidémie de choléra s'est déclarée dans les camps. A peu près 50,000 réfugiés sont morts de choléra en un mois.

La communauté internationale n'avait rien fait pour arrêter le génocide, elle n'allait rien faire pour arrêter le drame humanitaire, provoqué les génocidaires.

On se demandait ce qu'il fallait faire.

Le gouvernement d'union nationale mise en place au Rwanda, le 19 juillet 1994, entreprit de libérer les réfugiés de l'emprise des FAR et des Interahamwe.

Le rapatriement volontaire ne pouvait se faire sans séparer les FAR de la population civile. Il était impératif d'aider ceux qui voulaient rentrer au Rwanda, et la majorité le voulait. Le rapatriement devait être strictement volontaire, et non violent. Le HCR était présent et c'est lui qui a organisé le rapatriement[71].

Avec l'exil massif de la population, les FAR et le gouvernement intérimaire avaient réussi l'instrumentalisation des humanitaires pour le maintien des camps. Des organisations humanitaires d'obédience catholique incitaient les réfugiés à s'opposer au rapatriement volontaire vers le Rwanda.

---

[70] Il y a eu en tout 15 attaques terroristes de ALIR entre 1997 et 1998 qui ont coûté la vie à plus de 442 civils.
[71] MSF report, *Breaking the Cycle*, Novembre 1994.

Certaines organisations humanitaires ont protesté et même quitté ces camps. C'est le cas de Médecins sans Frontière qui a publié un rapport montrant que le travail humanitaire dans les camps de réfugiés constituait un dilemme moral[72].

Les génocidaires circulaient librement dans les camps avec des armes. Les camps étaient devenus des lieux d'entraînement pour les FAR et les miliciens Interahamwe.

Mugunga était le quartier général des FAR. Les réfugiés souhaitaient rentrer au Rwanda mais ne le pouvaient pas. Ils voulaient rentrer, cultiver leurs terres, nourrir leurs enfants.

Quelques réfugiés avaient réussi à s'échapper des camps. Pendant les 3 premiers mois de 1995, il y a eu un mouvement de retour constant de réfugiés au Rwanda.

Entre décembre et 1994 et mars 1995, 12.775 réfugiés sont retournés au Rwanda dans les convois du HCR. Ce mouvement sera rompu suite à la propagande violente des FAR et des Interahamwe opposés à ce retour.

Devant l'inertie de la communauté internationale et pour stopper les actes terroristes menés par des commandos formés dans les camps de réfugiés au Zaïre, les autorités rwandaises ont ouvert la voie à ceux qui voulaient rentrer au Rwanda.

Le départ des camps fut mené avec beaucoup d'attention, des mesures d'assistance étaient mises en place. Les camions du HCR assurèrent le transport sur le sol rwandais.

Le démantèlement des camps au Sud-Kivu eut lieu en octobre 1996, ceux du Nord-Kivu en novembre 1996.

---

[72] MSF report, *Breaking the Cycle*, Novembre 1994. MSF demandait alors la protection des réfugiés, leur enregistrement, le désarmement des FAR et des Interahamwe, la séparation des civils avec les FAR et les Interahamwe, et d'amener devant la justice ceux qui étaient soupçonnés d'avoir participé au génocide.

La majorité de la population est rentrée au Rwanda. Mais, les FAR ont fui vers l'intérieur du Zaïre avec quelques réfugiés, le dernier bouclier humain.

La structure militaire des ex-FAR était également détruite, mais une grande partie s'est jointe à l'armée moribonde de Mobutu.

La Vie

« La joie d'avoir un toit abondait dans mon cœur. Cependant la route allait être longue et pernicieuse. Le souci principal était le manger. Je n'avais pas le travail ».

(BertheKatiyitesi[73])

Est-il possible de vivre avec tout le poids du génocide ? Le lecteur se demande quelle a été la vie d'Eugénie, Carole, Sandra, Claudette, Alessandra, Salomé, Sandrine, les protagonistes de ce livre, après le génocide.

Les rescapés

Que sont devenus les rescapés du génocide de ma famille ? Certains ont survécu au génocide, d'autres n'ont pas réussi à se reconstruire.

Eugénie

Eugénie avait fui au Burundi dès octobre 1990. Elle habitait chez des amis à Nyakabiga, à Bujumbura.
Elle avait quitté le Rwanda alors qu'elle était étudiante à l'Université Nationale du Rwanda, au campus de Nyakinama.

---

[73] Berthe Kayitesi, *Demain ma vie. Enfants chefs de famille dans le Rwanda d'après*, Editions Laurence Teper, Paris, 2009, p. 193). Hommage au Dr Berthe Kayitesi, rescapée, décédée en juin 2015. On se souviendra de son engagement pour la mémoire et la lutte contre la négation du génocide perpétré contre les Tutsi.

Pendant longtemps, elle n'eut pas l'esprit à reprendre les études. Pourtant, il fallait vivre et s'accrocher à quelque chose. Un matin, elle se rendit au campus universitaire de Mutanga. Elle espérait obtenir un rendez-vous chez le Recteur.

Par hasard, elle croisa Henriette Inabeza, qui s'empressait de sortir, elle se rendait au centre-ville de Bujumbura. « Bonjour, puis-je vous parler » ? lança Eugénie. « Oui, bien sûr », répondit Henriette.

Eugénie lui demanda de l'accompagner au bureau du Recteur. Il fallait absolument rencontrer le Recteur, le seul à pouvoir lui accorder une dérogation. Elle n'avait aucun document sur elle.

Pendant qu'elles se rendaient au rectorat, Eugénie raconta sa fuite du Rwanda, tout ce qu'elle avait enduré à Bukavu, comment elle avait atterri à Bujumbura.

Le Recteur n'était pas là, mais la secrétaire lui proposa un rendez-vous le lundi de la semaine suivante.

Les deux filles continuèrent de causer dans la chambre d'Henriette.

Il s'agissait d'une modeste chambre universitaire, comme des centaines d'autres sur le campus de Kigobe. Henriette pleurait, au fur et à mesure qu'Eugénie racontait son histoire. « Ce n'est pas possible ! » répétait alors Henriette.

Une semaine après, Eugénie fut inscrite à la faculté des lettres. Henriette accepta sans hésiter de l'héberger. Elles partagèrent la même chambre et les repas servis à la cantine de l'université. Eugénie n'avait pas une carte d'accès au restaurant, elle mangeait dans l'assiette de sa copine.

La matinée, Eugénie suivait les cours, le soir elle faisait le ménage chez la directrice du HCR à Bujumbura. Presque tous les soirs, il y avait des invités, la plupart des Européens.

Ceux-ci s'exprimaient sur plusieurs sujets comme la guerre et la répression du régime rwandais contre les Tutsi.

Elle pouvait écouter sans rien dire, bien qu'elle sache mieux que quiconque ce qui se passait au Rwanda.

Deux ans après, elle acheva le premier cycle sans aucune difficulté et obtint même une bourse d'étude de l'Université de Toulouse. Après son mariage, elle s'est installée avec sa famille en France.

Après la fuite d'Eugénie en 1990, sa famille restée au Rwanda avait beaucoup souffert. Cette période fut un triste moment pour les Tutsi du Rwanda.

Pour le régime en place, la fuite d'Eugénie constituait une preuve suffisante de complicité avec les Inkotanyi. Sa famille le payera cher.

D'abord, Louis, le beau-frère d'Eugénie, avait été chassé de son travail, arrêté et mis en prison. Il y fut torturé. Sa santé se dégrada très vite et il mourut la même année.

Avant d'être arrêté il travaillait comme contrôleur des douanes au poste de Rusizi, à quelques mètres de Bukavu.

Alessandra, sa femme, a fui le Rwanda avant le génocide. Simple hasard, elle a survécu au génocide et vit aujourd'hui en Allemagne avec ses enfants.

Lilly, la fille aînée d'Alessandra, celle qu'Eugénie avait abandonnée sur le pont de la Rusizi en octobre 1990, se souvient vaguement de cet incident. Elle a grandi et fait des études en Allemagne.

Le vieux père d'Eugénie a été tué en 1994. Il avait quitté Ruhengeri et vivait à Kigali, dans le quartier de Kimisagara. Il a d'abord été jeté vivant dans une fosse, puis fut recouvert de pierres par des Interahamwe.

Carole

Tout aussi consternante fut l'histoire de Carole, après le génocide. Elle avait échappé aux tueries dans la région de Bigogwe et avait vécu d'abord dans le camp des réfugiés de Kituku au Zaïre.

Ce camp était réservé exclusivement aux réfugiés Tutsi qui parvenaient à arriver au Zaïre. Une tante qui vivait au Zaïre vint la récupérer et elle resta quelques mois dans la localité de Ruvunda.

De là, elle, ses deux petites sœurs, sa maman et sa grand-maman rentrèrent au Rwanda et s'installèrent dans leur région d'origine, à Mutura.

Sauvées, rescapées ! Sur la terre natale, être Tutsi n'était plus un crime. Le centre d'entraînement de Bigogwe est à deux kilomètres de Nyamirango.

Leur maison avait été complètement détruite, seules les maisons des Hutu étaient restées intactes. Ces derniers avaient fui après avoir exterminé leurs voisins Tutsi.

Mais voilà qu'au moment où tout semblait redevenir normal, les assaillants, « Abacengezi », composés d'ex-FAR et de miliciens envahissent la région, sèment la terreur et la désolation dans le nord-ouest du Rwanda. Ces attaques visaient l'extermination définitive des Tutsi[74]. Ces terroristes venaient du Zaïre où ils avaient leurs lieux d'entrainement, dans les camps de réfugiés.

Il y eut des milliers de victimes tutsi.

Au cours de leurs incursions, des femmes, des enfants, des hommes furent tués, des infrastructures publiques détruites.

Dans la nuit du 22 août 1997, plus de 200 réfugiés Tutsi congolais furent massacrés à la machette et au fusil dans le camp de Mudende en commune Rwerere. Au nombre des victimes figuraient de jeunes enfants endormis.

---

[74] Voir, La victoire sur les infiltrés, une phase capitale de la libération du Rwanda, Bizimana Jean Damascène,
http://www.cnlg.gov.rw/fileadmin/templates/documents/La_victoire_sur_les_infiltres__une_phase_capitale_de_la_liberation_du_RWANDA.pdf).

Le 16 juin 1998, vingt-trois personnes furent tuées et soixante-deux blessées dans une attaque nocturne d'un camp de transit à Nkamira.

Ce camp abritait également des anciens réfugiés tutsi qui rentraient au Rwanda ainsi que des survivants du massacre de Mudende dans la commune de Rwerere.

Afin d'échapper à l'insécurité, Camille et sa famille quittèrent Nyamirango, et s'installèrent tous à Kabali.

Plusieurs enfants abandonnèrent l'école de peur d'être tués par les « Abacengezi ». Ceux-ci pouvaient surgir à tout moment et tuer.

André, son oncle qui travaillait à Kigali l'amena chez lui. C'est après l'université que je l'ai rencontrée.

Ma femme !

Il est difficile d'évoquer les circonstances qui conduisent deux personnes à éprouver des sentiments amoureux puis de fonder une famille. Peut-être le partage de la même région et de son histoire, ou tout simplement l'amour.

Pour moi et Camille, il s'agit des deux. Nous nous sommes mariés en 2014. C'est pour nous une ultime étape, qui, sans conteste, nous offre aujourd'hui le bonheur le plus absolu.

Claudette

Ainsi passa le temps, jour après jour, après le génocide.

Mes sœurs Sandra, Claudette, Alessandra, Salomé, Sandrine avaient survécu au génocide, chacune dans des circonstances particulières.

Claudette, l'aînée, prit tous les enfants sous son toit, à Kigali.

Pas d'orphelins abandonnés dans les rues, les plus âgés prenaient des plus jeunes qui devenaient leurs enfants : l'humanité se lisait sur le visage des rescapés.

Claudette avait travaillé auparavant à la Banque de Kigali. Elle reprit son travail dans cette banque. Son mari fut embauché par une ONG et travaillait comme logisticien dans le parc industriel de Gikondo.

La famille a d'abord loué une maison très modeste, dans le quartier de Gatenga, à Kicukiro.

Cette maison avait peu de pièces, mais permit à la famille de se réunir. De jour comme de nuit, il fallait gagner de l'argent pour acheter un terrain et construire une maison.

Quelques années plus tard, ils ont acquis un terrain dans le secteur de Kagarama, où ils se sont installés définitivement.

Les fêtes, les baptêmes, les mariages étaient célébrés chez Claudette, elle était devenue la mère de ses jeunes sœurs orphelines.

C'est là que fut célébré le mariage de Sandra. Les réceptions en salle étaient impensables, tout était simple et naturel. Le mariage est célébré à la maison sans trop de fastes. Mais, tout le monde est content.

Un semblant de normalité apparaissait chaque jour. La vie reprit lentement mais sans tourner le dos au génocide. Les plus jeunes retrouvèrent le chemin de l'école.

Mais, on sentait l'absence des parents et des êtres chers tués pendant le génocide, désormais il fallait vivre avec cette douleur.

Les psychologues ont caractérisé cette douleur qui prend des formes parfois étranges, de traumatisme. Comme le mot génocide, le trauma entra dans le vocabulaire de l'après-génocide.

Sandra, Sandrine

Sandra avait échappé au massacre perpétré dans le quartier de Kiyovu Ses amies Cécile et Alice avaient été tuées, leurs corps jetés dans des « poubelles aux morts ».

Après le génocide, Sandra a trouvé du travail auprès d'une ONG qui s'occupait des orphelins du génocide.

Plusieurs ONG sont revenues au Rwanda, immédiatement après le génocide. Certaines d'entre elles avaient pourtant abandonné les Tutsi en plein génocide.

Elles avaient emboîté le pas à la MINUAR, une force onusienne présente à Kigali, qui avait réduit ses effectifs et s'était retirée à Nairobi, loin des massacres.

Sandra s'est mariée en 1995, aujourd'hui elle trois enfants. Le mari travaillait pour Médecins sans Frontières. Ils sont allés dans plusieurs pays pour des missions humanitaires. Après une courte mission à Madagascar, ils sont rentrés en France.

Sylvia, la fille aînée de Sandra a fait le voyage sur les pas de sa maman Elle a visité Kiyovu, là où sa maman avait survécu au massacre. La poubelle aux morts a disparu mais les rues, les maisons sont toujours-là.

Sylvia a pris des notes, fait des croquis, et marqué tous les détails dans son agenda. Elle a découvert un Rwanda diffèrent :

« *La ville ne ressemble plus en rien à celle qui reste dans mes souvenirs d'enfant. Propreté et état des routes irréprochables, ronds-points à la hauteur de ceux rencontrés en France (fait rare et remarquable) ; hôtels de luxe, buildings, sécurité maximale, parcs, et j'en passe. Kigali mérite bien son surnom de « Petit Singapour », je peux enfin en attester* ».

Sandra a pris Sandrine chez elle. Lorsque les parents ont été tués, elle avait 9 ans. Elle était avec eux à Gisenyi. Elle est la seule personne de notre famille à les avoir vus avant leur exécution.

Elle a repris l'école et s'est intégrée dans la vie petit à petit. En 2015, elle s'est mariée, et a donné naissance à deux petites jolies filles. La famille s'est établie en France.

Alessandra, Salomé

Après le génocide, la vie était très dure. Bien entendu, la souffrance, le souvenir pesaient très lourd sur les rescapés. Mais, au moins, la vie, l'espoir étaient envisageables.

Après ses études, Alessandra a travaillé pendant quelques années à Kigali. Elle s'est mariée en 1998, et a eu deux enfants.

Mais, en 2001, la mort frappa notre famille, Alessandra mourut subitement. Les cicatrices du génocide se rouvrirent encore une fois. La déchirure devenait insupportable : il est inacceptable de mourir à cet âge, surtout après avoir survécu au génocide. Les deux enfants ont grandi et vivent avec leur père.

Salomé fut marquée profondément par le génocide. Son équilibre intérieur était brisé. La mort des parents fut la fin de son ultime refuge. Elle avait perdu tout repère de vie, sa scolarisation fut un échec : elle parlait peu, ne riait jamais, s'isolait de plus en plus, elle voulait vivre seule.

Elle a souffert sans que nous sachions comment l'aider. En 2010, elle est décédée.

Nous n'avons jamais retrouvé les corps des parents et ceux des enfants. Ceux qui les ont tués gardent le secret, ils ne disent rien.

Ce que nous savons, c'est qu'ils ont été massacrés comme des milliers d'autres Tutsi, dont les corps sont aujourd'hui éparpillés dans la nature. Comment faire le deuil familial si les corps n'ont pas été retrouvés et enterrés ?

Doit-on lâcher prise et y renoncer ? Jamais.

Agnès

De retour des camps de réfugiés du Zaïre, Agnès s'est installée chez elle. Elle a vécu là, avant de reprendre la vie normale.

La vie est possible pour Agnès :

« J'ai été candidate au poste de membre du conseil consultatif du district de Karongi et j'ai été élue conseillère. J'ai ensuite été choisie comme coordinatrice du Conseil national des femmes (CNF) pour le district de Karongi. Je me suis ensuite présentée aux élections législatives et j'ai été élue député. Plus tard, durant l'exercice de mon mandat de député, le Président de la République, Paul Kagame m'a nommée à un poste politique important ».

Agnès regrette que de nombreuses personnes soient mortes au Congo, à cause des ex-FAR et des Interahamwe.

Elle a déclaré : « Ils nous ont fait marcher jusqu'à ce que nous traversions la frontière, nous ont emmenés dans les forêts congolaises et ils ont interdit aux réfugiés de retourner au Rwanda ».

Ceux qui n'ont pas voulu rentrer au Rwanda sont restés au Congo. La plupart d'entre eux sont sous l'emprise d'une force négative déterminée à se battre et à continuer le génocide au Rwanda.

Mais, les réfugiés qui rentrent au Rwanda s'étonnent du développement spectaculaire du pays et regrettent les années qu'ils ont passées dans les forêts congolaises.

Une nièce qui vit en France m'a dit ce qu'elle pense des Rwandais :

« *Les Rwandais s'écoutent, se parlent, négocient entre eux (beaucoup), se querellent mais jamais n'entrent en conflit. Quelle serviabilité, quel pacifisme. Comment cela est-il possible une vingtaine d'années après avoir été un peuple qui s'est autant déchiré ? Une question qui me taraude tout au long de mon séjour.* »

Le génocide perpétré contre les Tutsi

Le génocide perpétré contre les Tutsi, une terminologie qui dérange les négationnistes[75] ? Ces derniers préfèrent se cacher derrière la formulation négationniste de « génocide rwandais ». Or, un génocide contre les Rwandais n'a jamais existé, pur phantasme des « ambiguïtés révisionnistes »[76].

En 2009, lors de la 15e commémoration du génocide perpétré contre les Tutsi, un journaliste venu à Kigali couvrir la cérémonie m'a demandé : « Pourquoi écrire sur les banderoles - commémoration du génocide perpétré contre les Tutsi, s'il ne suffisait pas de dire commémoration du génocide rwandais ». Ignorance ou racisme, ce journaliste aurait dû savoir que le génocide perpétré contre les Tutsi était dirigé contre le groupe cible identifié comme Tutsi par les tueurs.

---

[75] Les négationnistes n'hésitent pas à organiser des conférences pour débattre de la terminologie appropriée au génocide perpétré contre les Tutsi. De Filip Reyntjens, en passant par Faustin Twagiramungu, Johan Swinnen, Gustave Mbonyumutwa, tous, ils s'évertuent à effacer les traces d'un génocide avéré, de notoriété publique et qui fait partie de l'histoire mondiale. (Voir Conférence-débat organisée par l'Institut Seth Sendashonga, Bruxelles, 23 février 2019).

[76] André Twahirwa, « De génocide de 1994 au Rwanda » à « génocide de 1994 contre les Tutsi au Rwanda » : enfin la fin des ambiguïtés révisionnistes ? (PanorActu, 2_ février 2018.

La reconnaissance du génocide

A partir de 1994, différents rapports internationaux ouvraient la voie à une reconnaissance du génocide perpétré contre les Tutsi.

Trois mois, jour pour jour après que le génocide ait été perpétré contre les Tutsi, le 4 juillet 1994, l'armée génocidaire a subi une effroyable défaite, Kigali est pris, le génocide arrêté.

C'était une humiliation douloureuse pour cette armée lourdement équipée et assistée militairement par la France.

Devant le Tribunal pénal international pour le Rwanda, Jean Kambanda, l'ex-Premier ministre du gouvernement génocidaire a plaidé coupable pour tous les chefs d'accusation, y compris le génocide, incitation au génocide et complicité dans le génocide[77].

Selon l'aveu de Kambanda, « il y avait au Rwanda en 1994 une attaque généralisée et systématique contre la population tutsi dont l'objectif était leur extermination »[78].

Suit la mise en place d'un gouvernement d'unité nationale basé sur l'accord d'Arusha, le 19 juillet 1994[79].

---

[77] TPIR, le Procureur c. Jean Kambanda Affaire No : TPIR 97-23-S, 4 septembre 1998, par. 39.

[78] « Jean Kambanda s'est entendu avec d'autres, notamment avec des ministres de son gouvernement tel Pauline Nyiramasuhuko, André Ntagerura, Eliézer Niyitegeka et Edouard Karemera pour commettre des assassinats (…) des membres de la population tutsi et de ce fait a commis le crime d'entente en vue de commettre le génocide ». (TPIR, le Procureur c. Jean Kambanda Affaire No : TPIR 97-23-S, 4 septembre 1998, par.40, 2).

[79] Le TPIR a rendu son premier jugement dans l'affaire Akayesu, le 2 octobre 1998. Celui-ci a été condamné à une peine d'emprisonnement à perpétuité, peine confirmée en appel le 1 juin 2001.Le TPIR a mené des poursuites contre 93 suspects, jugé 62 personnes. Le financier du génocide, Félicien Kabuga et l'ex-commandant de la garde présidentielle, qui a exterminé les Tutsi dans plusieurs régions du Rwanda, sont jusqu'aujourd'hui introuvables.

Petit à petit la communauté internationale commençait à s'intéresser à ce qui venait de se passer au Rwanda. Le 12 août 1994, le rapport de Degni-Ségui, rapporteur de la Commission des droits de l'homme publie des preuves de la commission du génocide, et recommande la poursuite des auteurs et l'assistance des victimes.

Il établit qu'un génocide a été commis au Rwanda[80].

Sur la base de ce rapport, le Conseil de sécurité des Nations Unies, dans sa résolution 955(1994) établit le 8 janvier 1994 le tribunal pénal international pour le Rwanda (TPIR), ayant comme siège Arusha en République unie de Tanzanie.

Cinq ans après, le rapport dit Ingvar Carlsson[81], publié le 15 décembre 1999 soutenait qu'en plus de ne pas empêcher le génocide, la communauté internationale n'a pas arrêté les meurtres une fois qu'ils ont commencé.

Le rapport recommandait de soutenir la reconstruction du pays, d'établir la vérité sur le génocide en vue de prévenir d'autres génocides dans le futur.

Sur le continent africain, le rapport Quett Ketumile Joni Masire a été publié le 29 mai 2000. Ce rapport intitulé le

« *Rwanda : Le génocide qui aurait pu être arrêté* » énoncait clairement que « les tragiques événements d'avril à juillet 1994 au Rwanda constituaient un génocide, quelle que soit la définition du terme ».

Enfin l'Assemblée générale des Nations Unies a désigné « le 7 avril comme la Journée internationale de réflexion sur le génocide des Tutsi au Rwanda en 1994 »[82].

---

[80] Rapport sur la situation des droits de l'homme au Rwanda soumis par M. René Degni-Ségui, Rapporteur spécial de la Commission des droits de l'homme en application du paragraphe 20 de la rés. S3/1 du 25/5/1994.
[81] Nom du Président de la commission indépendante d'enquête sur les actions des Nations unies durant le génocide au Rwanda.
[82] La résolution de l'Assemblée générale A/72/L.31 plus audacieuse, a été adoptée le 26 janvier 2018 et a modifié le titre de la résolution

Une importante décision du TPIR a fait un constat judiciaire sur le génocide perpétré contre les Tutsi au Rwanda entre le 6 avril et 17 juillet 1994 : «l'existence du génocide doit être considérée comme un fait irréfutablement établi qui n'a pas besoin de preuves supplémentaires»[83].

Le remords !

Les grandes puissances étaient absentes en 1994, aucune n'a envoyé son armée au Rwanda pour secourir les victimes. Après le génocide, avec le recul du temps, certains Etats ont découvert l'irréparable qui a suivi leur silence.
Présidents et premiers ministres ont demandé pardon au nom de leurs peuples.
Le 25 mars 1998, le président des Etats unis d'Amérique, Bill Clinton a déploré l'impuissance devant le génocide, déclarant qu'il ne pouvait pas à ce moment-là « apprécier pleinement la profondeur et la rapidité avec lesquelles les (Rwandais) s'étaient précipités dans cette terreur inimaginable ».
En 2000, le premier ministre belge, Guy Verhofstadt s'est rendu à Kigali et a demandé pardon au nom de son pays, et au nom de son peuple. « Je vous demande pardon. Pour que le Rwanda ancienne colonie belge puisse tourner son regard vers l'avenir, vers la réconciliation, nous devons d'abord assumer nos responsabilités et reconnaitre nos fautes », a-t-il déclaré.
Le 20 mars 2017, le Pape François a demandé pardon pour l'implication dans le génocide des Tutsi de l'Eglise catholique, lors de la visite au Vatican du Président du Rwanda Paul Kagame.

A/Res/58/234, qui restait timoré, puisqu'il ne mentionnait pas les victimes du génocide, les Tutsi.
[83] Affaire No TPIR 16/6/2006, Karemera, Ngirumpatse, Nzirorera.

L'ancien Secrétaire général des Nations Unies, Koffi Annan a lui aussi demandé pardon, au nom de la communauté internationale en 2004. « Nous ne devons jamais oublier que nous n'avons collectivement pas réussi à protéger les plus de 800 000 hommes, femmes et enfants désespérés qui ont persévéré au Rwanda ».

Les victimes du génocide ont toujours dénoncé la « responsabilité personnelle » de Kofi Annan, qui dirigeait en 1994 le département chargé des opérations de maintien de la paix de l'ONU.

Il est resté sourd aux incessants et pressants SOS du général Dallaire qui faisaient état de la préparation du génocide. Le câble du 11 janvier 1994 demandait entre autres le désarmement des extrémistes hutu, mais il n'y a jamais eu de suite.

Une demande de pardon en demi-teinte est venue de la France lorsque le 25 février 2010, l'ancien président Nicolas Sarkozy a reconnu de « graves erreurs d'appréciation » et « une forme d'aveuglement de la France et de la communauté internationale pendant le génocide ».

Comment nier le génocide perpétré contre les Tutsi ?

Pour les victimes du génocide perpétré contre les Tutsi, tout semble évident, des nourrissons étaient écrasés contre les murs, les filles de six ans étaient violées publiquement, des personnes étaient massacrées pour la simple raison qu'ils étaient Tutsi. Tout le monde le sait !

Pour les négationnistes, rien n'est évident. Malgré l'évidence, des « fossoyeurs de la mémoire » se coalisent pour effacer les traces mémorielles de leurs forfaits ».

A juste titre, il faut rappeler que la négation du génocide est la dernière étape du génocide selon le classement de Gregory Stanton[84].

Tous les génocides sont niés quels que soient les preuves et les témoignages de rescapés.

Le génocide perpétré contre les Tutsi a été nié pendant qu'il était en train d'être commis, et continue de l'être même aujourd'hui[85].

La négation vient d'où on l'attend le moins, de ceux qui l'ont reconnu dès 1994.

De manière sournoise, certains chercheurs font sciemment des interférences entre le génocide perpétré contre les Tutsi et les massacres.

Le génocide perpétré contre les Tutsi se nourrit des préjugés racistes de certains auteurs, on le méprise en le réduisant à un conflit interethnique en Afrique[86].

En 1994, Rony Brauman, a publié « Devant le mal : Rwanda, un génocide en direct »[87], un livre qui synthétise toute la vérité sur le génocide commis contre les Tutsi.

En 2000, soit seize ans après la publication de « Devant le mal », le même auteur met en parallèle le génocide perpétré contre les Tutsi avec des massacres hypothétiques.

---

[84] Dr Gregory Stanton, Les dix étapes du génocide, 2013, Observatoire du Génocide : « Négation par les auteurs d'un génocide d'avoir commis des crimes. Blâme souvent rejeté sur les victimes. Dissimulation de preuves et intimidation de témoins ».

[85] Les Nations Unies rappellent aux Etats l'obligation de prévenir et de lutter contre le négationnisme, et de tirer les leçons du génocide commis contre les Tutsi au Rwanda en 1994. (Rés. 2150 (2014) adoptée le 16 avril 2014).

[86] Le génocide perpétré contre les Tutsi n'est pas enseigné dans les écoles, il ne figure pas aux programmes en France par exemple.

[87] Rony Brauman, « Devant le mal : Rwanda, un génocide en direct » (Arléa), Kindle Edition, 1994.

Or, un génocide ne peut jamais être mis en parallèle avec aucun autre crime quel qu'il soit. Une telle interférence porte le nom de négationnisme.

Une lecture faussement orientée de l'histoire du Rwanda de l'après-génocide ne peut pas remettre en question la planification et l'exécution d'un génocide.

Dans le même sens, Gérard Prunier[88], qui mentionnait en 1993 le rôle des extrémistes dans la persistance de la propagande et les massacres, ramène aujourd'hui le génocide des Tutsi à un conflit ethnique[89].

Le négationnisme pervertit l'histoire du génocide. C'est ce que souligne justement l'association Survie s'agissant de Filip Reyntjens.

Celui-ci « tente de dénaturer le génocide, en lui ôtant l'intention génocidaire, utilise falsification et manipulations comme dans tout négationnisme diaboliser le FPR et les Tutsi en général, renverser la responsabilité du génocide en l'attribuant aux victimes Tutsi »[90].

Les thèses négationnistes se recyclent au cours des années. Ce recyclage vise à donner un semblant de vie aux affirmations négationnistes qui peinent à convaincre le monde.

---

[88] Gérard Prunier, « Éléments pour une histoire du Front patriotique rwandais », *Politique africaine*, n° 51, octobre 1993
[89] Libération, interview de l'historien Vincent Duclert, « La recherche révèle la dissimulation qu'impliquent les génocides. Par Virginie Bloch-Lainé, 25 janvier 2019.
[90] Filip Reyntjens, Le *Que Sais-Je* ? Commentaire Survie. Quand Filip Reyntjens pervertit l'Histoire du génocide, Billets d'Afrique/2017/270-Septembre 2017.

Dans son livre, « In praise of Blood », la journaliste Judi Rever[91] reprend mot à mot les thèses négationnistes de Pierre Péan, Robin Philipot, qui prônent le double génocide.

Comme ses prédécesseurs, Judi Rever nie la spécificité de l'extermination des Tutsi pour asseoir perfidement un autre génocide imaginaire[92]. Selon l'auteur, tous, victimes et bourreaux s'équivalent et s'annulent.

Les victimes seront toujours hantées par les propos négationnistes, il faut s'y habituer, mais comme dit justement Pierre Vidal-Naquet, « il m'importe peu que les révisionnistes soient de la variété néo-nazie, ou la variété d'ultra-gauche ; qu'ils appartiennent sur le plan psychologique à la variété perfide, à la variété perverse, à la variété paranoïaque, ou tout simplement à la variété imbécile, je n'ai rien à leur répondre et je ne leur répondrai pas. La cohérence intellectuelle est à ce prix »[93].

Deux visions

Le négationnisme n'a pas le dernier mot, car d'autres chercheurs montrent dans leurs publications la vérité de l'histoire du génocide perpétré contre les Tutsi.

Ainsi, Hélène Dumas a expliqué dans *Le génocide au village. Le massacre des tutsi au Rwanda,*[94]«les mécanismes de ces massacres de proximité et la créativité

---

[91] Judi Rever, *In Praise of Blood*, Ed. Random, 2018.
[92] Voir commentaire de Jean François Dupaquier, *Génocide des Tutsi du Rwanda : le négationnisme comme bestseller*, 1 mai 2018, Afrikarabia.com).
[93] Extrait de l'Avant-Propos des *Assassins de la Mémoire*, éd. Maspero, 1981 ; rééd. La Découverte, 2005, pp. 8-9.
[94] Hélène Dumas, Le génocide au village. Le massacre des Tutsi au Rwanda, Seuil 2014.

meurtrière des bourreaux qui ont assuré la redoutable efficacité du génocide des Tutsi ».

Ses recherches éclairent l'ampleur de la participation populaire, ainsi que le rôle des imaginaires de guerre défensive et d'animalisation des victimes.

Beaucoup voudraient faire croire que le génocide perpétré contre les Tutsi s'inscrit dans un contexte de haine ethnique. Florent Piton montre que le génocide est le « produit d'un racisme importé des sciences coloniales et réapproprié par une partie des acteurs politiques rwandais et de la population »[95].

Il montre ainsi que l'extermination des Tutsi, quoique n'étant pas inéluctable, ne fut ni un accident ni une réaction spontanée.

Les langues commencent à se dénouer notamment à travers les protagonistes de l'histoire du génocide. Guillaume Ancel était au Rwanda pendant le génocide[96].

En tant qu'officier intégré dans une unité de la Légion étrangère, il a participé à l'opération « Turquoise », dont il raconte la face cachée. Guillaume Ancel se demande pourquoi la France a-t-elle formé, soutenu et armé une partie des cadres du génocide de 1994 avant d'accompagner leur fuite - via l'opération Turquoise - en République démocratique du Congo ?

L'ancien général de l'armée française, Jean Varret dit que le génocide contre les Tutsi était envisagé par les extrémistes hutu à partir de 1990. Lors d'une réunion à Kigali, Le colonel Pierre Célestin Rwagafirita, chef d'état-major de la gendarmerie demandé des armes lourdes au général Varret, pour la gendarmerie. Ces armes devaient servir à l'extermination des Tutsi. - « Elle (la gendarmerie)

---

[95]Florent Piton, Le génocide des Tutsi du Rwanda, Paris, la Découverte, coll. Grands Repères, 2018.
[96]Guillaume Ancel, Rwanda, la Fin du Silence : Témoignage d'un officier français, Paris, les Belles Lettres 2018.

va participer à la résolution de notre problème avec les Tutsis : ils sont très peu nombreux, nous allons les liquider et cela ira très vite, dit le Rwagafirita »[97].

L'ancien général en a informé sa hiérarchie à Paris, qui a ignoré ses avertissements. Des signes d'un génocide étaient pourtant visibles. Comment expliquer l'attitude française face génocide ? « Je pense que le lobby militaire a été plus enclin à aider au combat, aucun civil ou militaire n'aurait souhaité le génocide. Aucun. Par contre, certains n'ont pas pris le risque au sérieux »[98], pense le général Varret.

Des chercheurs honnêtes comme Stéphane Audoin-Rouzeau disent avoir découvert le génocide tardivement[99]. Mû par cette découverte, il affirme son engagement personnel contre le déni français à l'endroit du génocide des Tutsi rwandais et contre les discours négationnistes.

Le génocide de 1994 fut un événement à la fois dévastateur et fondateur. Une table rase sur laquelle s'édifie désormais autre chose. Bien ou mal, mais autre chose[100].

Aucune phrase ne peut clore ce livre, ce dernier chapitre, mon récit continue en silence[101] ! Un homme sage a dit : « Lorsqu'on arrive à la dernière page, on ferme le livre ».

---

[97] Jean Varret, *Général, j'en ai pris pour mon grade*, Les Editions Sydney Laurent, 2018.
[98] « Pour la première fois, un général reconnaît la "faute" de la France au Rwanda », Mediapart, 14 mars 2019, par David Servenay.
[99] Stéphane Audoin-Rouzeau, *une Initiation. Rwanda (1994-2016)*, Paris, Seuil, 2017.
[100] Colette Braeckman, *Rwanda. Mille collines, mille douleurs*, Ed. Nevicata, Bruxelles 2014.
[101] Longtemps j'ai hésité à rédiger le dernier chapitre de ce livre. Assis seul dans le lobby de l'hôtel Larkspur Landing, à Sacramento, (Californie) où j'étais venu participer à la 5e Conférence internationale sur le génocide, à l'Université de Sacramento, j'ai enfin écrit ce chapitre. Ce fut comme une libération, mais aussi comme un déchirement, je voulais encore écrire, raconter sans fin le génocide.

Plusieurs rescapés du génocide ont ouvert une nouvelle page, qu'ils continuent d'écrire.

Chacun a compris justement que lorsqu'on patauge trop longtemps dans l'eau, on se noie. Il faut avancer, c'est ce que les rescapés ont fait, en maintenant le cap plutôt que de le changer.

« Méchante une déchirure qui ne peut être entièrement décousue. Nous n'avons pas cherché à réconcilier l'irrationalité du mal avec la toute-puissance de l'amour. Le pardon est fort comme le mal, mais le mal est fort comme le pardon. »

Vladimir Jankélévitch,
L'imprescriptible, pp 59-62

Bibliographie

Livres

Alexievitch S., *Œuvres*, Arles, Actes Sud, 2015.

Ancel G., *Rwanda, la Fin du Silence : Témoignage d'un officier français*, Paris, les Belles Lettres 2018.

Arendt H., *Eichmann à Jérusalem*, Paris, Gallimard, 1997.

Audoin-Rouzeau S., *une Initiation. Rwanda (1994-2016)*, Paris, Seuil, 2017.

Bideri D., *Le massacre des Bagogwe. Un prélude au génocide des Tutsi*, Paris, L'Harmattan, 2008.

Braeckman C., *Rwanda. Mille collines, mille douleurs*, Collection L'ame des peuples, Bruxelles, Ed. Nevicata, 2014.

Brauman R., *Devant le mal : Rwanda, un génocide en direct*, (Arléa), Kindle Edition, 1994.

Chrétien J.-P., *L'Afrique des Grands Lacs. Deux mille ans d'histoire*, Paris, Aubier, 2000.

Chretien J-P., et M. Kabanda M., *Rwanda-Racisme et genocide. L'idéologie hamitique*, Paris, Belin, 2013.

Coupez A., et Kamanzi T., *Récits historiques*, Bruxelles, Tervuren 1962.

D'Hertefelt M., *Les clans du Rwanda ancien, éléments d'ethnosociologie et d'ethnohistoire*, Butare, INRS, 1971.

Dallaire R., *Shake Hands with the Devil : The Failure of Humanity in Rwanda*, Toronto, 2003.

Delmas L., Généalogies de la noblesse (les Batutsi) du Rwanda, Kabgayi 1950.

Dumas H., Le génocide au village. Le massacre des Tutsi au Rwanda,Paris, Seuil 2014.

Jankélévitch V., L'Imprescriptible. Pardonner ? Dans l'honneur et la dignité, 1971, Paris, Seuil, 1996.

Kagame A., Poésie dynastique, Institut royal colonial, Tome XXII, fasc. 1, Bruxelles 1951, p. 189, No 123.

Kagame., Les organisations socio-familiales de l'ancien Rwanda, T XXXVIII -3, Gembloux 1954.

Kayitesi B., Demain ma vie. Enfants chefs de famille dans le Rwanda d'après, Editions Laurence Teper, Paris, 2009

Logiest G., Mission au Rwanda. Un blanc dans la bagarre Tutsi-Hutu, Bruxelles, Didier Hatier, 1988.

Malagardis M., Sur la piste des tueurs rwandais, Paris, Flammarion, 2012.

Melvern L., A people betrayed, The role of the West in Rwanda's genocide, London, Zed Books, 2000.

Melvern L., Conspiracy to murder. The Rwandan genocide, London. New York, Verso 2004.

Mugesera A., Les conditions de vie des Tutsis au Rwanda de 1959 à 1990. Persécutions et massacres antérieurs au génocide de 1990 à 1994, Ed. Dialogue & Izuba, 2014.

Mugesera A., Rwanda 1959-1962. La Révolution manquée. Anthologie - Vol. 2, Ed. Izuba, 2018.

Newbury D.S., « The Clans of Rwanda : An Historical Hypothesis », Africa : Journal of the International African Institute, Vol. 50, No. 4 (1980).

Nyagahene A., Histoire et Peuplement. Ethnies, clans et lignages dans le Rwanda ancien et contemporain, PU du Septentrion 1998.

Piton Fl., Le génocide des Tutsi du Rwanda, Paris, la Découverte, coll. Grands Repères, 2018.

Rakiya Omaar, The leadership of Rwandan armed groups abroad with a focus on the FDLR and RUD/URUNANA, Kigali, 2008.

Schumacher P., Rwanda, Micro - Bibliotheca Antropos, Posieux 1958.

Semprun J., L'écriture ou la vie, Paris, Gallimard, 1994.

Semujanga J., Récits fondateurs du drame rwandais, Paris, L'Harmattan,1998.

Vansina J., Le Rwanda ancien. Le royaume Nyiginya, Paris, Karthala, 2001.

Varret J., Général, j'en ai pris pour mon grade, Les Editions Sydney Laurent, 2018.

Rapports

Rapport de deux missions établi par E. Gillet et A. Jadoul, 1992.

Rapport sur les Droits de l'Homme au Rwanda, septembre 1991-septembre 1992, Association rwandaise pour la défense des Droits de l'Homme et des Libertés publiques, Kigali, Pallotti-Presse, 1992.

Rapport de la Commission internationale d'enquête sur les violations des Droits de l'Homme au Rwanda depuis le 1er octobre 1990 (7-21 janvier 1993), FIDH, Africa Watch (New York), Union interafricaine des Droits de l'Homme et des Peuples (Ouagadougou), Centre international des Droits de la personne et du développement démocratique (Montréal), mars 1993.

Commission des Droits de l'Homme. Question de la violation des Droits de l'homme et des libertés fondamentales, rapport présenté par B. W. Ndiaye, rapporteur spécial, sur la mission qu'il a effectuée au Rwanda, du 8 au 17 avril 1993, cinquantième session, 11 août 1993, p. 1 à 37.

Rapport Degni-Ségui, rapporteur de la Commission des droits de l'homme (12 août 1994)

Rapport d'information déposé par la mission d'information de la commission de la défense nationale et des forces armées et de la commission des affaires étrangères, sur les opérations militaires menées par la France, d'autres pays et l'ONU au Rwanda entre 1990 et 1994 – parlement français 1998.

Rapport Ingvar Carlsson sur la responsabilité des NU dans le génocide perpétré contre les Tutsi (15 décembre 1999)

Rapport Quett Ketumile Joni Masire, « Rwanda : Le génocide qui aurait pu être arrêté » (29 mai 2000)

Rwanda, rapport de la Commission nationale indépendante chargée de rassembler les preuves montrant l'implication de l'État français dans le génocide perpétré au Rwanda en 1994, novembre 2007.

Chronologie sommaire

260 ans avant J.C environ	Période pré-monarchique, qui dure jusqu'au milieu du XIVe siècle.
1482 - 1895	Période de l'expansion et de l'unification du royaume du Rwanda.
1861	L'explorateur européen John Hanning Speke séjourne à Karagwe (Tanzanie) et entend parler du Rwanda.
1876	Henry Stanley contourne le Rwanda par le nord sans y entrer.
1876 - 1877	Conférence de Bruxelles : création de l'Association Internationale Africaine par le roi Léopold II.
1884 – 1885	Berlin, conférence sur le Congo. Souveraineté allemande sur le « Ruanda – Urundi ».
1890	D'après le traité germano-britannique sur Hergoland et Zanzibar, le Rwanda devenait officiellement une partie du territoire cédé à l'Allemagne.
1891	Dar es-Salaam devient la capitale du protectorat de l'Afrique orientale allemande.
1892	L'Autrichien Oscar Baumann est le premier Européen à entrer au Rwanda.

Mai 1894	Le Comte Von Götzen est reçu par le roi Kigeri IV Rwabugiri.
1895	Mort de Kigeri IV Rwabugiri.
1896	Avènement de Yuhi IV Musinga.
1897	Le capitaine Ramsay remet au roi Musinga une lettre de protection au profit de l'empire allemand. Création de la station d'Usumbura dont dépendra aussi le Rwanda jusqu'en 1907.
1898	Richard Kandt se rend au Rwanda à la recherche des sources du Nil.
1898 - 1899	Premiers postes militaires à Shangi et à Gisenyi.
1901 - 1906	Le comte Von Götzen devient Gouverneur de l'Afrique orientale allemande.
15 novembre 1907	Richard Kandt devient premier Résident civil du Rwanda.
19 octobre 1908	Fondation de la Résidence à Kigali.
1914	Début de la Première Guerre Mondiale.
6 mai 1916	Prise de Kigali par les troupes belges et anglaises commandées par le général belge Tombeur.
20 juillet 1922	La Société des Nations confie à la Belgique le mandat sur le Rwanda.
16 novembre 1931	Destitution du roi Musinga par l'administration belge, nomination de Mutara III.

13 décembre 1946	Le « Ruanda - Urundi » passe sous tutelle de la Belgique par décision des Nations-Unies.
1955	Jean-Paul Harroy est nommé gouverneur du Rwanda et du Burundi.
22 février 1957	Publication de la « Mise au point » par la monarchie, exigeant l'indépendance à l'adresse d'une délégation de l'ONU en visite au Rwanda.
24 mars 1957	Publication de la « Note », plus tard connue sous le nom de « Manifeste des Bahutu ».
25 juillet 1959	Mort inopinée du roi Mutara III.
28 juillet 1959	Intronisation de Kigeri V Ndahindurwa par les Abiru.
1er novembre 1959	Début des troubles, incendies et massacres perpétrés contre les Tutsi. Exil de plus de 200 000 Tutsi.
11 novembre 1959	La tutelle belge proclame l'état d'exception.
12 novembre 1959	Le colonel belge Logiest fait intervenir la force congolaise.
25 décembre 1959	La Belgique émet le décret intérimaire sur l'organisation politique du Rwanda.
Juillet 1960	Elections communales.
2 octobre 1960	Destitution de Kigeri V.
28 janvier 1961	Proclamation de la République.
25 septembre 1961	Elections législatives et référendum sur l'abolition de la monarchie

26 octobre 1961	Election de Grégoire Kayibanda à la présidence de la République par les députés.
1er juillet 1962	Indépendance du Rwanda.
Décembre 1963	Noël de sang, attaques des combattants Inyenzi, répression sur les Tutsi de l'intérieur - 20.000 morts.
1965	Le Parmehutu, parti unique, radicalise l'ethnisme. Application de la politique des quotas (10% pour les Tutsi) dans les écoles et dans la fonction publique.
Mars 1973	Troubles visant les Tutsi, des purges dans des écoles, à l'Université nationale, et dans la fonction publique. Massacres et exil dans les pays voisins.
5 juillet 1973	Coup d'État militaire dirigé par Juvénal Habyarimana, dictature militaire.
1975	Création du parti-unique MRND.
1978	Adoption d'une nouvelle constitution, élection de Habyarimana, l'unique candidat, et mis en place d'un gouvernement du MRND.
1982	Les réfugiés rwandais installés en Ouganda sont attaqués et expulsés par le président Milton Obote. Le Rwanda les refoule vers l'Ouganda.
1983	Réélection du président Juvénal Habyarimana avec 99,98 % des voix.
1986	Le Rwanda annonce que les réfugiés rwandais ne peuvent pas retourner au

	Rwanda, car, le pays est trop petit pour les accueillir.
1er octobre 1990	Attaque du FPR à partir de l'Ouganda, début de la guerre de libération du Rwanda. Des milliers de Tutsi sont arrêtés par le gouvernement, plus de 300 Tutsi sont massacrés dans la région de Gisenyi. Début de la planification du génocide contre les Tutsi.
5 octobre 1990	La France appuie en hommes et en matériels les troupes gouvernementales.
Du 11 au 13 octobre 1990	Massacres des Tutsi à Kibirira.
Janvier 1991	Massacres des Tutsi dans le Nord-ouest du Rwanda (Mukingo, Nkuli, Kinigi, Mutura, Rwerere et Kayove).
1992	Rapport de deux missions établi par E. Gillet et A. Jadoul sur les massacres des Tutsi perpétrés par le régime Habyarimana entre 1990 et 1991.
Du 4 au 5 mars 1992	Massacres de Tutsi dans plusieurs communes de Bugesera.
Mars 1993	Sortie du rapport du FIDH et autres organisations sur les massacres perpètres contre les Tutsi - Commission internationale d'enquête (7-21), Violations massives et systématiques des droits de l'homme depuis le 1er octobre 1990.
Avril 1993	Le rapporteur spécial de la Commission des Nations Unies pour les droits de l'homme, Bacre Waly Ndiaye confirme

l'existence de preuves de massacres à caractère génocidaire. La Convention sur la prévention et la répression du crime de génocide était applicable à la situation du Rwanda.

Juillet 1993	Un nouveau gouvernement est formé avec comme Premier ministre Agathe Uwiringiyimana, l'aile extrémiste du MDR power naît à ce moment-là.
4 août 1993	Signature de l'accord de paix d'Arusha (Tanzanie) entre le gouvernement et le FPR ; climat de tension et de terreur entretenu par les miliciens des partis politiques extrémistes, CDR et MRND.
Octobre 1993	Création de la mission d'assistance onusienne pour le Rwanda (MINUAR) par la résolution 872.
Décembre 1993	Déploiement de la MINUAR au Rwanda. Un contingent de 600 soldats du FPR est installé au CND (Conseil National pour le Développement) conformément à l'accord d'Arusha.
Janvier 1994	Le président Habyarimana prête serment. Echec de la mise en place d'un gouvernement de transition.

Le MRND et la CDR distribuent des armes aux miliciens. La Radiotélévision des Mille Collines (RTLM) diffuse les messages de haine, et appelle ouvertement à l'extermination des Tutsi. Des listes de Tutsi établies par les autorités circulent, les escadrons de la mort tuent au cours des manifestations

	organisées par le MRND et la CDR. Des partis politiques de concert avec les forces armées rwandaises organisent publiquement l'instruction militaire des miliciens.
	Le général Dallaire informe les Nations Unies de la préparation du génocide, demande le renforcement du mandat de la MINUAR et l'autorisation de saisir les armes cachées dans la ville de Kigali.
Février 1994	Détérioration du climat politique, assassinat de Félicien Gatabazi du PSD, lynchage de Martin Bucyana de la CDR. Manifestations contre l'accord de paix d'Arusha organisées par les partis extrémistes, MRND et CDR.
6 avril 1994	Le président Juvénal Habyarimana et le président Ntaryamira du Burundi, ainsi que d'autres officiels meurent dans un attentat contre l'avion présidentiel.
Du 7 avril au 4 juillet 1994	Génocide des Tutsi : le gouvernement massacre systématiquement les Tutsi à travers tout le pays. Le FPR commence la campagne contre le génocide, se bat pour stopper le génocide et sauver des vies.
4 juillet 1994	Défaite de l'armée gouvernementale.
13-14 juillet 1994	L'armée défaite et le gouvernement génocidaire prennent en otage la population civile hutu. Plus d'un million fuient vers le Zaïre.

19 juillet 1994	Mise en place du gouvernement d'union nationale sur la base des accords d'Arusha, mais excluant la CDR et le MRND dont les responsables et de nombreux cadres ont planifié et exécuté le génocide.
12 août 1994	Le rapport de Degni-Ségui, rapporteur de la Commission des droits de l'homme publie des preuves de la commission du génocide, et recommande la poursuite des auteurs et l'assistance des victimes.
8 novembre 1994	Résolution 955 du Conseil de sécurité de l'ONU créant le Tribunal pénal international pour le Rwanda (TPIR).
25 mars 1998	Le président des États-Unis d'Amérique, Bill Clinton a déploré l'impuissance devant le génocide et demandé pardon au peuple rwandais.
2 septembre 1998	Première décision du TPIR qui reconnait qu'un génocide a été perpétré au Rwanda en 1994 contre les Tutsi. (Affaire Jean Paul Akayesu).
4 septembre 1998	Selon l'aveu de Kambanda, « il y avait au Rwanda en 1994 une attaque généralisée et systématique contre la population tutsi dont l'objectif était leur extermination ».
15 décembre 1999	Le rapport dit Ingvar Carlsson confirme la responsabilité internationale, pour ne pas avoir empêché le génocide ni arrêté

	les meurtres une fois qu'ils avaient commencé. (Rapport ONU).
2000	Le Premier ministre belge, Guy Verhofstadt a demandé pardon au nom de son pays, et au nom de son peuple.
29 mai 2000	Le rapport Quett Ketumile Joni Masire : « Rwanda : Le génocide qui aurait pu être arrêté » énonce clairement que les tragiques événements d'avril à juillet 1994 au Rwanda constituaient un génocide.
2004	Koffi Annan a demandé pardon, au nom de la communauté internationale.
2001 – 2005	Création de Gacaca « pilotes » (tribunaux de justice traditionnelle) adaptés pour juger les criminels secondaires du génocide.
2005	Lancement des Gacaca opérationnelles.
16 juin 2006	Le TPIR fait un constat judiciaire sur le génocide perpétré contre les Tutsi au Rwanda entre le 6 avril et 17 juillet 1994 : « l'existence du génocide doit être considérée comme un fait irréfutablement établi qui n'a pas besoin de preuves supplémentaires ».
2007	Abolition de la peine de mort par le parlement rwandais.
16 avril 2014	Les Nations Unies rappellent aux Etats l'obligation de prévenir et de lutter contre le négationnisme, et de tirer les leçons du génocide commis contre les Tutsi au Rwanda en 1994. (Rés. 2150 (2014).

20 mars 2017	Le Pape François a demandé pardon pour l'implication de l'Eglise catholique dans le génocide des Tutsi.
26 janvier 2018	La résolution A/72/L.31 de l'Assemblée générale consacre « le 7 avril comme la Journée internationale de réflexion sur le génocide des Tutsi au Rwanda en 1994 ».

Table des matières

Sigles 9

Preface, *d'Alain David* 13

Note de l'auteur 23

Ma famille en 1994 27

Les collines où je suis né 29

L'exil 33

Ma famille 41

La prison 53

Le feu et le sang 63

A la criminologie ! 75

La guerre 83

Le Centre d'entraînement militaire de Bigogwe 97

Des souvenirs déchirants 103

« Cours, sauve-toi » 121

La poubelle aux morts 125

« Puisqu'on n'a pas où aller... » 145

Un trou dans le mur 157

Le soldat 165

La Vie 181

Le génocide perpétré contre les Tutsi 191

Bibliographie 205

Chronologie sommaire 209

RWANDA
AUX ÉDITIONS L'HARMATTAN

Dernières parutions

UN MWAMI AU RWANDA
Lulla Alain Ilunga
Le Mwami Yuhi Musinga mène une vie paisible dans son royaume, entouré de ses sujets. L'arrivée de prêtres catholiques, en soutien à la colonisation belge, perturbe la quiétude du Rwanda d'alors. En quête de nouveaux pâturages à la chrétienté, les prêtres exigent du Mwami sa conversion au catholicisme, de même que celle de ses sujets. Au travers d'un théâtre exigeant, l'auteur soulève les problèmes inhérents à la colonisation et l'évangélisation en Afrique.
(Coll. Théâtres, 116 p., 13,5 euros)
ISBN : 978-2-343-15725-2, EAN EBOOK : 9782140111945

LE BASCULEMENT GÉOPOLITIQUE DE L'AFRIQUE DES GRANDS LACS
Décennie 1990
Alain Flavien N'Kisi
Préface de Tanguy de Wilde d'Estamel
Les événements de la décennie 1990 au Burundi, au Rwanda et en République Démocratique du Congo ont entraîné le bouleversement de la géopolitique au sein de l'Afrique des Grands Lacs. La déstabilisation actuelle de l'Est de la RDC a pour origine le génocide rwandais de 1994. À travers cet ouvrage, l'auteur analyse les axes principaux du bouleversement de l'Afrique des Grands Lacs.
(Coll. Afrique des Grands Lacs, 166 p., 18 euros)
ISBN : 978-2-343-16040-5, EAN EBOOK : 9782140106316

ARUSHA : LE MENSONGE AU PRÉTOIRE
Elie Ndayambaje
Préface de Stefaan Marysse
"...Je ne me pose pas en avocat ni en juge d'une cause déjà perdue devant le TPIR. Mon but est d'accompagner le lecteur intéressé dans les couloirs des pas perdus jusqu'au prétoire où l'accusé est confronté à plusieurs joutes oratoires qui s'affrontent et mettent en péril son sort. Mon procès fut une avalanche de mensonges et de dysfonctionnements qui enterra la vérité dans le tréfonds de son amas. Toujours fort de mon innocence, je continue ma lutte pour déterrer cette vérité cachée."
(704 p., 45 euros)
ISBN : 978-2-343-15459-6, EAN EBOOK : 9782140098512

L'ONCLE GYNÉCOLOGUE
Roman
Caroline Numuhire

Ce roman, à l'allure autobiographique, est un SOS lancé par les femmes en dénonçant des cas de viols et abus sexuels dont elles sont régulièrement victimes dans le monde et en Afrique particulièrement. Les victimes préfèrent se réfugier derrière le mur culturel du silence imposé par la tradition et couvrent ainsi leurs violeurs qui font généralement partie de leur cercle proche. Ce roman brise ce silence et démontre comment un oncle maternel, gynécologue de son état, a violé et abusé de sa nièce venue le consulter pour un problème de grossesse.
(Coll. Écrire l'Afrique, 224 p., 20,5 euros)
ISBN : 978-2-343-14468-9, EAN EBOOK : 9782140094842

STRATÉGIES REBELLES ET AIDE INTERNATIONALE DANS L'AFRIQUE DES GRANDS LACS
1981-2013
Agathe Plauchut
Préface de Scott Straus - Avant-propos de Jean-Charles Jauffret

Les mouvements d'inspiration rebelles en Afrique (de la rébellion de type maoïste en 1981 en Ouganda à celle du M23 en 2013 en RDC) ont expérimenté de nouvelles tactiques. Les civils de plus en plus pris pour cibles permettent d'obtenir toujours plus de dividendes politiques et économiques de la guerre. Concentration de réfugiés, déplacement forcés des populations, viol comme arme de guerre et recrutement d'enfants, autant de tactiques qui ont permis de mettre en place des filières lucratives de ressources naturelles et l'accession à des postes de pouvoir.
(Coll. Mondes en mouvement, 304 p., 31 euros)
ISBN : 978-2-343-13919-7, EAN EBOOK : 9782140091421

CONJONCTURES DE L'AFRIQUE CENTRALE 2018
An Ansoms, Aymar Nyenyezi Bisoka, S. Vandeginste

Cet ouvrage offre une sélection de textes scientifiques en lien avec l'actualité politique, économique et sociale en Afrique centrale (Burundi, République démocratique du Congo, Rwanda, Ouganda).
(Coll. Cahiers Africains, 370 p., 37,5 euros)
ISBN : 978-2-343-14682-9, EAN EBOOK : 9782140088599

LA HECATOMBE DE LOS REFUGIADOS RUANDESES EN EL ANTIGUO ZAIRE
Testamento de un sperviviente
Benoît Rugumaho
Prólogo de Stefaan Marysse, Traducción al castellano de Juan Carlos Figueira Iglesias

En 1994, tras el genocidio de los Tutsi y la masacre de los opositores Hutu, una gran parte de la población huyó al vecino Zaire. En 1996, el FPR establecido en el poder en Kigali envió al APR a "barrer" los campos de refugiados que asimilaba con los genocidas. El autor narra su propia historia de superviviente, y revela lo que los

grandes medios de comunicación, así como las instituciones internacionales ignoraron deliberadamente: un hecatombe programada y ejecutada por el régimen militar Tutsi de Kigali, un crimen contra la Humanidad que se ha negado hasta el momento presente.
(Coll. Mémoires africaines, 166 p., 17,5 euros)
ISBN : 978-2-343-14368-2, EAN EBOOK : 9782140085543

RIVALITÉS FRANCO-BELGES AU RWANDA ET POLÉMIQUES JOURNALISTIQUES
Emmanuel Murhula A. Nashi
Ce livre traite de la complaisance des grands médias francophones européens à l'égard des rivalités franco-belges en Afrique en général, et plus spécifiquement du degré de réflexivité des africanistes occidentaux - journalistes, écrivains, chercheurs - par rapport à la politique rwandaise des gouvernements Mitterrand-Balladur en France, et Dehaene en Belgique, lors de la guerre au Rwanda. C'est au vu des divergences entre africanistes que s'est imposé la nécessité d'analyser les récits et discours des médias dominants occidentaux et leurs effets à propos de la guerre du Rwanda de 1994.
(Coll. Comptes Rendus, 336 p., 34 euros)
ISBN : 978-2-343-14309-5, EAN EBOOK : 9782140077661

RWANDA À LA LUMIÈRE DU PASSÉ
Le prix du vivre-ensemble
Emmanuel Rukundo
Tous les Rwandais portent les marques des violences à répétition qui endeuillent le Rwanda depuis la nuit des temps. Pourtant, pour ethniques que soient ces violences, elles n'ont pas pour mobile essentiel l'appartenance naturelle à une ethnie que personne n'a ni voulue ni choisie. Elles naissent de la lutte pour le contrôle exclusif du pouvoir, de l'avoir et du savoir. Selon l'auteur, il est urgent que les Rwandais aient le courage de regarder la vérité en face et d'assumer dignement leur histoire, pour entreprendre ensemble le chemin de la guérison.
(Coll. Études africaines, 348 p., 36 euros)
ISBN : 978-2-343-11684-6, EAN EBOOK : 9782140047879

GÉNOCIDE DES TUTSI, L'IMPOSTURE
Alain Juppé et le Rwanda (1993-1994)
Jean-Pierre Cosse
Préface de Martin Verlet
Le génocide perpétré contre les Tutsi au Rwanda en 1994 est aussi une page de l'histoire politique et militaire de la France. Depuis 1994, Alain Juppé évite les questions gênantes, nie la réalité des faits et se contente de reprendre sa fable truffée d'erreurs, de contre-vérités et d'inventions. Maintenir comme le fait Monsieur Juppé un bouclier de désinformation, c'est mépriser l'immense travail de vérité des témoins et des chercheurs. En dénonçant l'imposture et en (r)établissant les faits, ce livre a pour objet de rendre hommage à la mémoire des victimes.
(200 p., 18 euros)
ISBN : 978-2-343-13395-9, EAN EBOOK : 9782140054365

LE CHRISTIANISME À L'ÉPREUVE DES DÉFIS SOCIO-POLITIQUES DE LA RÉGION DES GRANDS LACS

Claude Nsal'Onanongo Omelenge
Préface de Benoît Awazi Kungua

La région des Grands Lacs africains passe l'un des moments les plus sombres de son histoire. Dans un tel paysage sociopolitique morose, le christianisme doit être pensé comme force d'engagement et de libération, gage de la dissidence novatrice dans la re-construction d'une "nouvelle" région des Grands Lacs qui puisse prendre en compte les défis du présent pour construire le futur. Il apparaît urgent d'éduquer les peuples à l'éthique du changement social pour qu'advienne une nouvelle socialité de convivialité, base de la paix et du co-développement.

(Coll. Églises d'Afrique, 346 p., 35 euros)
ISBN : 978-2-343-12948-8, EAN EBOOK : 9782140049972

COLONIALISME ET RÉVOLUTION
Histoire du Rwanda sous la Tutelle
Tome II Révolution

François Lagarde

Au royaume du Rwanda, mandaté par l'ONU, la Belgique pratique un colonialisme progressiste, démocratique et révolutionnaire. En effet, le Royaume de Belgique soutient la Révolution rwandaise de 1959-1961 et l'accession des "petits" au pouvoir. Le deuxième tome, Révolution, retrace les évènements qui mènent de la mort du mwami en 1959 à la Terreur rwandaise de 1963-1964, via les déguerpissements de Novembre, les élections communales, les missions de l'ONU, la naissance de la République et l'Indépendance de 1962.

(Coll. Études africaines, 350 p., 36 euros)
ISBN : 978-2-343-13213-6, EAN EBOOK : 9782140049682

COLONIALISME ET RÉVOLUTION
Histoire du Rwanda sous la Tutelle
Tome I Colonialisme

François Lagarde

Au royaume du Rwanda, mandaté par l'ONU, la Belgique pratique un colonialisme progressiste, démocratique et révolutionnaire. Elle y impose des réformes sociales, des chamboulements politiques et, à la veille de l'Indépendance, la démocratie électorale et la République. Le premier tome, Colonialisme, dresse un tableau systématique et pluridisciplinaire du Rwanda sous la Tutelle, soit de la Seconde Guerre mondiale à la fin de la monarchie.

(Coll. Études africaines, 324 p., 33 euros)
ISBN : 978-2-343-13212-9, EAN EBOOK : 9782140049675

Structures éditoriales du groupe L'Harmattan

L'Harmattan Italie
Via degli Artisti, 15
10124 Torino
harmattan.italia@gmail.com

L'Harmattan Hongrie
Kossuth l. u. 14-16.
1053 Budapest
harmattan@harmattan.hu

L'Harmattan Sénégal
10 VDN en face Mermoz
BP 45034 Dakar-Fann
senharmattan@gmail.com

L'Harmattan Mali
Sirakoro-Meguetana V31
Bamako
syllaka@yahoo.fr

L'Harmattan Cameroun
TSINGA/FECAFOOT
BP 11486 Yaoundé
inkoukam@gmail.com

L'Harmattan Togo
Djidjole – Lomé
Maison Amela
face EPP BATOME
ddamela@aol.com

L'Harmattan Burkina Faso
Achille Somé – tengnule@hotmail.fr

L'Harmattan Côte d'Ivoire
Résidence Karl – Cité des Arts
Abidjan-Cocody
03 BP 1588 Abidjan
espace_harmattan.ci@hotmail.fr

L'Harmattan Guinée
Almamya, rue KA 028 OKB Agency
BP 3470 Conakry
harmattanguinee@yahoo.fr

L'Harmattan Algérie
22, rue Moulay-Mohamed
31000 Oran
info2@harmattan-algerie.com

L'Harmattan RDC
185, avenue Nyangwe
Commune de Lingwala – Kinshasa
matangilamusadila@yahoo.fr

L'Harmattan Maroc
5, rue Ferrane-Kouicha, Talaâ-Elkbira
Chrableyine, Fès-Médine
30000 Fès
harmattan.maroc@gmail.com

L'Harmattan Congo
67, boulevard Denis-Sassou-N'Guesso
BP 2874 Brazzaville
harmattan.congo@yahoo.fr

Nos librairies en France

Librairie internationale
16, rue des Écoles – 75005 Paris
librairie.internationale@harmattan.fr
01 40 46 79 11
www.librairieharmattan.com

Lib. sciences humaines & histoire
21, rue des Écoles – 75005 Paris
librairie.sh@harmattan.fr
01 46 34 13 71
www.librairieharmattansh.com

Librairie l'Espace Harmattan
21 bis, rue des Écoles – 75005 Paris
librairie.espace@harmattan.fr
01 43 29 49 42

Lib. Méditerranée & Moyen-Orient
7, rue des Carmes – 75005 Paris
librairie.mediterranee@harmattan.fr
01 43 29 71 15

Librairie Le Lucernaire
53, rue Notre-Dame-des-Champs – 75006 Paris
librairie@lucernaire.fr
01 42 22 67 13